Inhalt

Vorwort

„Wie gelange ich in den Himmel?" Haben Sie sich diese Frage auch schon einmal gestellt? In diesem Buch will ich darauf eine ausführliche Antwort geben. Aber denken Sie nicht, das wäre so kompliziert, dass man ein ganzes Buch studiert haben müsste, um die Antwort darauf zu finden. Den wohl einfachsten Fall schildert uns die Bibel. Als Jesus gekreuzigt wurde, waren mit ihm auch zwei Verbrecher zum Tode verurteilt. Der Eine ruft Jesus an: *„Jesus, gedenke an mich, wenn du in dein Reich kommst!"* Darauf reagiert Jesus mit der festen Zusage für ihn: *„Wahrlich, ich sage dir: Heute wirst du mit mir im Paradies sein"* (Lukas 23,43). Es ist bemerkenswert, dass dieser Schächer ihn kurz vorher noch verachtet hatte: *„Desgleichen schmähten ihn auch die Räuber, die mit ihm gekreuzigt waren"* (Matthäus 27,44). Diese Begebenheit zeigt uns die Reichweite der Retterliebe Jesu. Der Schächer hatte erst in letzter Minute erkannt, dass Jesus allein seine Rettung ist. Er rief ihn an, und erhielt sofort die Zusage, in alle Ewigkeit bei ihm am Ort der Herrlichkeit zu sein.

Sie sind sicherlich nicht in dieser Grenzsituation und können alles genau überlegen. Um den Himmel zu erreichen, brauchen wir einen gut funktionierenden Kompass oder ein zuverlässiges Navi, also Wegweiser, die uns treffsicher ans Ziel bringen. In allen fünf Teilen dieses Buches lädt uns Gott ein, dem Herrn Jesus zu folgen, damit wir die ewige Wohnstatt erreichen. Jedes Kapitel steht für sich, das Sie unabhängig voneinander lesen können. Da es im fünften Kapitel um den entscheidenden persönlichen Schritt geht, sollten Sie dieses besonders beachten und danach handeln.

Teil I: In diesem Kapitel geht es um die menschlichen Sprachen – von ihrem Ursprung im Garten Eden und dem Zerbruch im Sündenfall und bei dem Gericht von Babylon. Weiterhin betrachten wir den Aufstieg der Sprache durch die Reden Jesu und am Pfingsttag. Schließlich geht es um die vollkommene Sprache des Himmels und die Wesensmerkmale dieses von Gott gegebenen Zielortes unserer ewigen Bestimmung.

Teil II: Am Beispiel des Apostels Paulus wird anhand von zehn Superlativen gezeigt, wie er vom „größten Sünder" zum Besitzer des „größten Reichtums" wurde: *„die überschwängliche Größe der Erkenntnis Christi Jesu"*. Durch Christus kam er zur Gewissheit des ewigen Lebens. Der persönliche Ruf des Herrn Jesus befähigte ihn, der größte Missionar der Heiden zu werden. Sein Motto fasste er in den zentralen Satz: *„Leben wir, so leben wir dem Herrn; sterben wir, so sterben wir dem Herrn"* (Römer 14,8).

Teil III: Im dritten Teil geht es um die Frage „Wohin führt unser Lebensweg?" Nach dem Zeugnis Jesu sind wir erwartete Leute in seinem Himmelreich. Aber nur, wer die Einladung annimmt, gelangt auch dorthin.

Teil IV: Das bisher größte Ereignis der Weltgeschichte ist die Auferstehung Jesu Christi von den Toten. Am Kreuz beglich er die Sünden von uns Menschen durch sein unermessliches Leiden und Sterben am Kreuz. Da er selbst ohne Sünde war, konnte der Tod ihn nicht halten und seitdem gilt: „*Der Tod ist veschlungen vom Sieg. Tod, wo ist dein Stachel? Hölle, wo ist dein Sieg?*" (1. Korinther 15,54b-55). Nun ist jedermann zum Glauben an Jesus eingeladen, damit auch für ihn gültig wird: „*Wer an mich* [= Jesus] *glaubt, der wird leben, auch wenn er stirbt; und wer da lebt und glaubt an mich, der wird nimmermehr sterben*" (Johannes 11,25-26). Kreuz und Auferstehung Jesu sind die Basis dafür, dass sich die Tore des Himmels für jeden von uns öffnen.

Teil V: Nachdem in den Teilen I bis IV die Schönheit des Himmels immer wieder beschrieben und die Einladung dorthin auf mannigfache Weise formuliert wurde, kommt es nun im letzten Kapitel des Buches zu der ganz praktischen Frage: „Was muss ich tun, um in den Himmel zu gelangen?" Wer das ernstlich mitbetet, was in diesem Unterkapitel 10 steht, der darf sich glücklich preisen, denn er hat den Herrn, der uns mit Gewissheit ins himmlische Vaterhaus führt, in sein Leben eingeladen.

Danken möchte ich meiner lieben Frau *Marion* für die redaktionelle Durchsicht des Manuskriptes mit allen hilfreichen Verbesserungsvorschlägen.

Da ich über die Einzelthemen bereits mehrfach in Vorträgen gesprochen habe, ist der Redestil teilweise beibehalten worden.

Werner Gitt, Juni 2024

Teil I:

Irdische Sprachen
und die Sprache des Himmels

1. Einleitung

Ist uns bewusst, welch kostbare Gabe uns der Schöpfer mit der Sprache anvertraut hat? Kein Tier ist mit dieser Fähigkeit ausgestattet. Tiere verfügen über recht geniale Kommunikationssysteme, wenn wir z. B. an staatenbildende Insekten denken. Dennoch sind diese Systeme nur für einen sehr begrenzten Anwendungsbereich konzipiert. Wie wir noch sehen werden, ist unsere menschliche Sprache mit einer so großen Kreativität ausgestattet, die im Tierreich unbekannt ist:

- Wir können schreiben, lesen, sprechen.
- Wir haben im Zusammenhang mit der Sprache die Fähigkeit zum Denken.
- Wir sind geschichtsfähig, d. h. wir registrieren die Ereignisse der Vergangenheit und denken darüber nach.
- Wir fragen nach dem letzten Sinn des Lebens und suchen nach Antworten, die wir nicht mehr weiter hinterfragen.
- Wir haben ein Bedürfnis nach kausaler Welterklärung.
- Wir haben die brennende Frage nach dem Tod.

Die menschliche Sprache erfuhr allerdings einen **zweifachen Niedergang,** aber andererseits auch eine **zweifache Aufwärtsentwicklung**. Der Gipfelpunkt wird die himmlische Sprache sein. Diesen geschichtlichen Weg der Sprache wollen wir im Folgenden näher betrachten.

2. Gottes Sprache ist schöpferisch

Schlagen wir die Bibel auf, so begegnet uns gleich am Anfang (1. Mose 1,3) das Phänomen der Sprache. Es ist Gott selbst, der dort redet. Er spricht machtvoll:

> *„Es werde Licht! Und es ward Licht."*

Das von Gott gesprochene Wort hat schöpferische Kraft. Es bringt nicht nur Licht hervor, sondern ein ganzes Universum kommt in Existenz. Dieses Phänomen, dass **ein Wort** *Materie und Licht* in Existenz bringt, ist uns physikalisch absolut unbekannt. Noch nie ist es einem Physiker oder Chemiker gelungen, dass er durch Sprechen Materie erzeugen konnte. Das bleibt dem Schöpfer allein vorbehalten. Aus diesem Grund versagen all unsere Theorien, wenn es um Herkunftsfragen geht (z. B. Urknalltheorie, Evolutionstheorie).

3. Die Sprache im Garten Eden

Die Sprache ist ein besonderes Geschenk Gottes an den Menschen. Gott schuf den Menschen nach seinem Bilde. Da Gott sprechen kann, hat er diese Gabe auch dem Menschen verliehen. Wie ein Computer notwendigerweise ein Betriebssystem braucht, um zu funktionieren, so lud Gott das Gehirn des Menschen mit einem Sprachsystem, d. h. mit Vokabeln und mit kompletter Grammatik.

Der von Gott mitgelieferte **Wortschatz** war keineswegs abgeschlossen. Vielmehr war das Sprachsystem so angelegt, dass es beliebig erweiterbar ist. Adam hatte also die Fähigkeit, neue Wörter zu kreieren. In 1. Mose 2,19 lesen wir von dieser Fähigkeit des Menschen, treffende neue Wörter zu bilden:

> *„Und Gott der Herr ... brachte sie* [alle Tiere des Feldes und alle Vögel des Himmels] *zu dem Menschen, dass er sähe, wie er sie nennen würde, und damit jedes lebendige Wesen den Namen trage, den der Mensch ihm gäbe."*

Er erfand Wörter, die treffend waren und das Charakteristische ausdrückten. Vielleicht nannte er die Giraffe *Langhals* und den Elefanten *Dickhaut*.

3.1 Zum Ursprung der Sprachen

Die Sprachwissenschaft befasst sich mit der Frage der Herkunft der Sprachen. Auch hier ist man ganz und gar dem Evolutions-Paradigma verfallen, weil angenommen wird, es habe eine evolutionäre Entwicklung vom Einfachen hin zum Komplexen gegeben.

Über den Ursprung der menschlichen Sprachen gibt es eine schier unübersehbare Zahl von Spekulationen und Theorien. Nach der Naturlaut- oder Nachahmungstheorie – auch Wau-Wau-Theorie genannt – sollen die Menschen die Geräusche der Tiere nachgeahmt haben. Die menschliche Sprache verfügt zwar über viele Imitationswörter, doch sind Nachahmungen von Tierrufen für eine Systematik ungeeignet, zumal Tierimitationen von Volk zu Volk ganz willkürlich variieren. Der deutsche Hahn schreit z. B. „kikeriki", der englische „cockadoodledoo" und der russische „kukareku". Ein Eskimo kann den Walruf täuschend ähnlich nachahmen, dennoch fällt es ihm keineswegs ein, den Wal nach diesem Ruf zu benennen.

Andere Theorien gehen davon aus, dass die menschlichen Sprachen sich von emotionalen Ausrufen herleiten. Wie z. B. die Hauruck-Theorie als Folge körperlicher Anstrengung. Auch die evolutionistische Vorstellung einer Aufwärtsentwicklung von Grunz- und Schnauflauten über primitive Sprachen (der Naturvölker) zu den Kultursprachen ist durch die vergleichende Sprachwissenschaft gründlich widerlegt worden.

Nach all dem Wildwuchs an divergierenden Sprachtheorien griff die französische Sprachgesellschaft – die *Société de Linguistique de Paris* – schließlich ein. Sie war nicht länger gewillt, sich mit all diesen Theorien abzugeben und verbannte 1866 kurzerhand alle Arbeiten zur Sprachevolution von der Tagesordnung. Das Machtwort dieser angesehenen Institution zeigte nachhaltige Wirkung: Lange galt das Thema Sprachentstehung als unseriös und wurde von ernsthaften

Wissenschaftlern gemieden. Heute darf wieder spekuliert werden, aber eine verbindliche Antwort hat noch kein Vertreter der Evolutionslehre gefunden.

Wir stellen fest: Alle Sprachfamilien sind einmalig, und alle Sprachen sind perfekt. Sie enthalten morphologische, grammatische und semantische Komplexitäten und Strukturen, wobei niemand darauf gekommen wäre, es gerade so zu machen. Den Stammesangehörigen der zahlreichen Naturvölker ist nicht bewusst, welch diffizile Kategorien sie verwenden. Auch die Struktur ihrer Grammatik kennen sie nicht; so kann das Sprachkonzept auch nicht von ihnen bzw. ihren Vorfahren entworfen worden sein.

Der deutsche evangelische Pfarrer *Peter Süßmilch* (1707-1767) stellte fest (1756), dass der Mensch die Sprache nicht erfinden konnte ohne den Besitz des Denkvermögens und dass das Denken wiederum abhängig ist von der vorherigen Existenz der Sprache. Die einzige Lösung dieses Paradoxons ist, dass Gott dem Menschen die Sprache gegeben hat.

Die beiden amerikanischen Sprachwissenschaftler *Victoria Fromkin* und *Robert Rodman*[1] legten die Rangordnung der Sprachbeherrschung folgendermaßen fest:

- Erschaffung des zur Artikulation notwendigen speziellen Sprechapparates

---

[1] *Victoria Fromkin und Robert Rodman*: An Introduction to Language, 2018, 624 S.

- Fähigkeit der Wortschöpfung (1. Mose 2,19)
- Fähigkeit der Spracherlernung
- Kreativer Umgang mit dem Phänomen Sprache

3.2 Gottes Gesamturteil über die Schöpfung

Das Gesamturteil Gottes über die gesamte fertige Schöpfung – und damit auch über die Sprache des Menschen – lautete: *„Und siehe, es war sehr gut!"* (1. Mose 1,31). So können wir daraus schließen, dass auch die Sprache ihren Zweck hervorragend erfüllte.

Adam konnte nicht nur neue Wörter erfinden, er konnte sie auch alle behalten. SEHR GUT bedeutet auch, es gab

- keine Vergesslichkeit,
- keine missverständlichen Formulierungen,
- keine Lüge,
- keine bösen Worte.

4. Die Sprache nach dem Sündenfall

Dann aber wurde durch die Sünde der Menschen die gute Schöpfung quasi auf den Kopf gestellt. Im Sündenfall, von dem in 1. Mose 3 als historisches Ereignis in Raum und Zeit berichtet wird, geschah die Katastrophe. Wollen wir diese Welt, in der wir leben, verstehen, dann gelingt es nur, wenn wir den Sündenfall mit einbeziehen. Viele Menschen fragen nach der Ursache des Leides. Wer Erklärungen dazu abgibt, ohne diese Tatsache mit seinen Konsequenzen zu erwähnen, liegt automatisch falsch.

Dass die Geschichte der Menschheit als eine Geschichte von Kriegen beschrieben werden kann, ist eine Folge des Sündenfalles. Dasselbe gilt auch für die schrecklichen Todesfabriken von Auschwitz, Treblinka und Sobibor, um Millionen von Juden zu töten.

Tod und Krankheit und die vielen destruktiven Merkmale im Tierreich (z. B. Gift der Schlangen, Reißzähne der Raubtiere) sind ebenfalls nicht losgelöst vom Sündenfall zu betrachten.

Selbst die Sprache trägt deutliche Spuren des Sündenfalles:

- Es gibt Missverständnisse.
- Es gibt das Fluchen.
- Es gibt das falsche Zeugnis.
- Es gibt die Fake News.
- Es gibt die Lüge.

Auch der *beißende Spott* gehört in diese Kategorie. Der Preußenkönig *Friedrich der Große* (1712-1786) hatte sich den französischen Schriftsteller *Voltaire* (1694-1778) am Hofe gehalten, weil er sich seinen spöttischen Gedanken gerne anschloss. Der gläubige General *Hans Joachim von Ziethen* (1699-1786) verspätete sich bei Hofe einmal, weil er zum Abendmahl gewesen war. Darauf *Friedrich der Große*: „Nun, Ziethen, haben Sie den Leib ihres Erlösers gut verdaut?"

Als Jesus gekreuzigt wurde, hatten die Hohenpriester, Schriftgelehrten und Ältesten nur verachtenden Hohn für ihn übrig: *„Ist er der König von Israel, so steige er nun vom Kreuz herab. Dann wollen wir an ihn glauben"* (Matthäus 27,42).

Der Sündenfall brachte uns nicht nur Krieg, Leid, Krankheit und Tod, sondern zog auch unser Denken in Mitleidenschaft. Ein biblisches Beispiel macht deutlich, wie das schlussfolgernde Denken gelitten hat:

Als man zu Jesus einen Gichtbrüchigen brachte, sprach er ihm als erstes Sündenvergebung zu: *„Mein Sohn, deine Sünden sind dir vergeben"* (Markus 2,5). Die Schriftgelehrten hatten das Wissen, *„nur Gott kann Sünden vergeben"*. Daraus hätten sie schließen können, dann muss dieser Jesus Gott sein. Sie zogen aber den falschen Schluss und meinten, Jesus lästere Gott: *„Wie redet der so? Er lästert Gott! Wer kann Sünden vergeben als Gott allein?"* (Markus 2,7).

5. Die Sprache nach dem Turmbau zu Babel

Die Sprache des Menschen erlebte nach dem Sündenfall noch einen **zweiten Fall**, und das geschah beim Turmbau zu Babel. Wir wollen zunächst den Text hören, den wir in 1. Mose 11,1-9 (*Hoffnung für alle*) aufgezeichnet finden:

¹   *Damals sprachen die Menschen noch eine einzige Sprache, die allen gemeinsam war.*

² *Als sie von Osten weiterzogen, fanden sie eine Talebene im Land Schinar. Dort ließen sie sich nieder*
³ *und fassten einen Entschluss. „Los, wir formen und brennen Ziegelsteine!", riefen sie einander zu. Die Ziegel wollten sie als Bausteine benutzen und Teer als Mörtel.*
⁴ *„Auf! Jetzt bauen wir uns eine Stadt mit einem Turm, dessen Spitze bis zum Himmel reicht!", schrien sie. „Dadurch werden wir überall berühmt. Wir werden nicht über die ganze Erde zerstreut, weil der Turm unser Mittelpunkt ist und uns zusammenhält!"*
⁵ *Da kam der Herr vom Himmel herab, um sich die Stadt und das Bauwerk anzusehen, das sich die Menschen errichteten.*
⁶ *Er sagte: „Sie sind ein einziges Volk mit einer gemeinsamen Sprache. Was sie gerade tun, ist erst der Anfang, denn durch ihren vereinten Willen wird ihnen von jetzt an jedes Vorhaben gelingen!*
⁷ *Wir werden hinuntersteigen und ihre Sprache verwirren, damit keiner mehr den anderen versteht!"*
⁸ *So zerstreute der Herr die Menschen über die ganze Erde; den Bau der Stadt mussten sie abbrechen.*
⁹ *Darum wird die Stadt Babylon („Verwirrung") genannt, weil dort der Herr die Sprache der Menschheit verwirrte und alle über die ganze Erde zerstreute.*

Bis zu diesem Zeitpunkt galt: *„Es hatte aber die ganze Welt einerlei Sprache und Rede"* (1. Mose 11,1).

Dann hatte die Menschheit einen stolzen Plan: *„Wohlan, lasst uns eine Stadt und einen Turm bauen, dessen*

Spitze bis an den Himmel reicht, dass wir uns einen Namen machen" (1. Mose 11,4).

Wie reagiert nun Gott darauf? In 1. Mose 11,6-7 lesen wir:

> *„Und der Herr sprach: Siehe, es ist nur ein einziges Volk* [= Nachkommen der Noahfamilie], *und sie sprechen alle nur eine Sprache, und dies ist der Anfang ihres Unternehmens! Nun wird es ihnen nicht unmöglich sein, alles auszuführen, was sie sich vorgenommen haben. Wohlan, lasst uns hinabfahren und daselbst ihre Sprache verwirren, dass keiner des anderen Sprache verstehe!"*

Bei der Erschaffung des Menschen hieß es: *„Lasset uns Menschen machen!"* (1. Mose 1,26). Hier taucht dieses *uns* nun auch wieder auf! Das heißt: Der Heilige Geist ist auch hier wirksam.

Die **Sprachenverwirrung** von Babel hat ein Doppeltes bewirkt:

1. Vielerlei Sprachen entstanden: Heute gibt es etwa 7000 z. T. schwierige Sprachen. Die Kommunikation untereinander ist dadurch erheblich eingeschränkt. Beherrschen wir nicht die Sprache des Anderen, so besteht eine Kommunikation lediglich aus Mimik und Gestik.

2. Verwirrte Sprache: Wenn wir von verwirrter Sprache lesen, so ist etwas durcheinandergewirbelt worden, was zuvor besser war. Die Sprache hat Einbußen erlitten an Logik, Ausdrucksfähigkeit, Schönheit und Eleganz.

Die ursprünglich perfekte Sprache hat ein doppeltes Gericht erlebt: SÜNDENFALL + BABEL.

Dennoch vermögen wir alle Regungen des Herzens und des Glaubens ebenso zu artikulieren wie Sachzusammenhänge der Natur, des Lebens und der Technik. Sprache ist eine ausschließlich dem Menschen gegebene Methode zur Übermittlung von Gedanken, Gefühlen und Wünschen.

5.1 Gemeinsamkeiten aller Sprachen

1. Unbegrenzte Zahl von Inhalten: Menschliche Sprachen können eine geradezu unbegrenzte Anzahl von Inhalten wiedergeben. Dies wird erreicht durch ein genial konzipiertes Baukastensystem, denn für alle Sprachen gilt eine Struktur hierarchischer sprachlicher Einheiten. Die kleinste Einheit sind die **Laute**. Der Gesamtvorrat aller Laute, die der Mensch mit Hilfe seines Sprechapparates prinzipiell erzeugen kann, liegt bei etwa 600.

2. Sprache lernen bedeutet, die Anzahl der möglichen Laute einschränken: Es ist bemerkenswert, dass in den etwa **7000** verschiedenen Sprachen nur diese relativ kleine Anzahl von **600** Lauten vorkommt. Im Laufe des Spracherlernens der Muttersprache produziert das Kind jene Laute öfter, die es in seiner Umgebung hört, und lässt andere dafür weg. Der erste

Schritt des Kindes zur Sprache besteht also bemerkenswerterweise darin, die klanglichen Möglichkeiten einzuschränken, bis schließlich die typische Häufigkeitsverteilung der Laute in der Muttersprache erreicht wird.

3. Unbekannte Sätze verstehen: Wir können Sätze verstehen, die noch nie zuvor gesagt worden sind, und wir können ebenso eine endlose Zahl neuer Sätze produzieren, deren Bedeutung die Angehörigen unserer Sprachgemeinschaft sofort verstehen werden.

4. Überall auf der Erde, wo es Menschen gibt, gibt es auch die Gabe der Sprache.

5. Es gibt sprachwissenschaftlich gesehen keine „primitiven" Sprachen. Jede Sprache hat ihre eigene Komplexität und je nach auszudrückender Semantik die eigenen Stärken oder auch Schwächen.

6. Obwohl der menschliche Sprachapparat in der Lage ist, etwa 600 unterschiedliche Laute zu erzeugen, wird in den einzelnen Sprachen nur die für sie spezifische Auswahl verwendet. Die Anzahl liegt je nach Sprache zwischen 15 und 85. Diese werden kombiniert, um bedeutungtragende Elemente oder Wörter zu bilden, mit welchen wiederum eine unbegrenzte Anzahl möglicher Sätze geformt werden kann.

7. Alle Sprachen verfügen über eine nur ihnen eigene Grammatikstruktur, die die Gesetzmäßigkeiten beschreibt, nach denen Wörter und Sätze ähnlicher Art gebildet werden.

8. Vergleichbare grammatische Kategorien (z. B. Verben, Substantive, Zahlen) findet man in allen Sprachen.

9. Jede Sprache hat die Möglichkeit, über die Vergangenheit zu reden, Aussagen zu negieren, Fragen und Befehle zu formulieren.

10. Jedes normale Kind, wo immer es auf der Erde geboren wird, ist unabhängig von der Stammeszugehörigkeit, von der geografischen oder sozialen Herkunft in der Lage, jede beliebige Sprache zu erlernen.

5.2 Unterschiedlichkeiten in den Sprachen

Die *Rotokas*-Sprache (Insel Bougainville, Neuguinea) hat mit 11 Buchstaben das kürzeste Alphabet, nämlich sechs Konsonanten und fünf Vokale.

Einschließlich der verschiedenen Tonhöhen für „gleiche" Vokale hat die zentralvietnamesische Sprache *Sedang* mit 55 Vokalen die meisten und die kaukasische Sprache *Abchasisch* mit zwei die wenigsten Vokale.

Die meisten Konsonanten gibt es in der kaukasischen Sprache *Ubyx* (80-85).

5.3 Komplexität und Eigenheiten der Sprachen

Ostafrikanische Jagdvölker besitzen viele Ausdrücke, um die Nuancen von *braun* zu beschreiben, aber nur ein einziges Wort für alle übrigen Farben zusammen.

In den *Eskimo*-Sprachen gibt es zahlreiche Wörter für *Schnee*; so wird z. B. unterschieden, ob er fällt, liegt oder in Blöcken gepresst ist.

Eine Sprache auf den Philippinen kennt 92 Namen für die verschiedenen Arten von Reis.

Die in Dagestan (frühere Sowjetunion) gesprochene Sprache *Tabassaran* kennt 35 Fälle für Substantive.

Die Indianersprache *Chippewa* im nordamerikanischen Minnesota hat mit rund 6000 die meisten Verbformen. In einer *Eskimosprache* gibt es 63 Gegenwartsformen.

In der *Sunba*-Sprache kann bei den Verben ein angehängtes **Partikelchen** (einzelner Laut) vorkommen, das für sich keine Bedeutung hat und darum von dem in diesem Stamm arbeitenden *Wycliff*-Missionar schwer zu identifizieren war. Es stellte sich für ihn später heraus, dass dieses „Tüttelchen" angibt, wie der Erzähler zu der Information steht: Entweder hat er sie selbst erlebt, oder er gibt nur weiter, was man ihm zugetragen hat. Dieser Aspekt ist insbesondere für die Bibelübersetzung bedeutend, denn die Schreiber waren Augenzeugen dessen, was sie mitteilten. Der Apostel Johannes bezeugt: *„Was von Anfang an war, was wir* gehört haben, was wir gesehen haben mit unseren Augen, was wir betrachtet haben und unsere Hände betastet haben vom Wort des Lebens" (1. Johannes 1,1).

6. Die Sprache Jesu

Etwas völlig Neuartiges erlebte diese Welt, als Jesus zu uns kam. Obwohl er Gott ist, erniedrigte er sich als Mensch:

> *„Er entäußerte sich selbst, nahm die Gestalt eines Knechtes an und wurde den Menschen gleichgestaltet, und in seiner äußeren Erscheinung wie ein Mensch erfunden"* (Philipper 2,7).

Auffällig ist, dass er als **das Wort** bezeichnet wird. In Johannes 1,1-2 heißt es von Jesus:

> *„Im Anfang war das Wort, und das Wort war bei Gott, und das Wort war Gott. Dieses war im Anfang bei Gott."*

Jesus stieg auf unsere menschliche Ebene herab und begab sich damit auch in eine unserer menschlichen Sprachen. Er sprach Aramäisch, ein Dialekt des Hebräischen. Sein Reden und seine Botschaft waren einmalig:

- Er hat darum nie eine Lüge gesagt. So war er der einzige Mensch, der es auch im Angesicht seiner Feinde durchhalten konnte, zu sagen: *„Ich bin die Wahrheit!"* (Johannes 14,6).

25

- Er hat uns Menschen die beste Botschaft gebracht, die es überhaupt gibt, nämlich das Evangelium der Rettung. Es ist jene Botschaft, die uns in den Himmel bringt.

- Hätte er in himmlischer Sprache von himmlischen Dingen zu uns geredet, dann hätten wir nichts verstanden. Jesus wies darauf hin, wenn wir die himmlischen Dinge verstehen wollen, ist es geradezu eine Voraussetzung, zuerst den irdischen Dingen zu glauben, von denen er spricht: *„Glaubt ihr nicht, wenn ich euch von irdischen Dingen sage, wie werdet ihr glauben, wenn ich euch von himmlischen Dingen sagen werde?"* (Johannes 3,12).

6.1 Die Vollmacht der Sprache Jesu

Wenn Jesus predigte, geschah das immer in göttlicher Vollmacht: *„Und sie entsetzten sich über seine Lehre; denn er lehrte mit Vollmacht und nicht wie die Schriftgelehrten"* (Markus 1,22). Allen widerstrebenden Mächten in dieser Welt setze er sein Wort entgegen.

- **Sturm und Wellen** auf dem See Genezareth bedrohte er mit den Worten: *„Schweig und verstumme!"* (Markus 4,39).
- Die **Krankheit** heilte er, indem er dem Gichtbrüchigen befahl: *„Steh auf, nimm dein Bett und geh heim!"* (Markus 2,11).
- Den **Tod** besiegte er mit den Worten: *„Lazarus, komm heraus!"* (Johannes 11,43).

Mit der Sprache Jesu kam eine Macht in die Welt, die den Menschen unbekannt war.

7. Die Sprache zu Pfingsten

Einen weiteren Aufstieg erlebte die Sprache am Pfingsttag. Davon berichtet der Text aus Apostelgeschichte 2,1-13 (*Hoffnung für alle*):

1 *Zum Beginn des jüdischen Pfingstfestes waren alle Jünger wieder beieinander.*

2 *Plötzlich kam vom Himmel her ein Brausen wie von einem gewaltigen Sturm und erfüllte das ganze Haus, in dem sie sich versammelt hatten.*

3 *Zugleich sahen sie etwas wie züngelndes Feuer, das sich auf jedem einzelnen von ihnen niederließ.*

4 *So wurden sie alle mit dem Heiligen Geist erfüllt, und sie redeten in fremden Sprachen; denn der Geist hatte ihnen die Fähigkeit gegeben.*

5 *Zum Fest waren viele gottesfürchtige Juden aus aller Welt nach Jerusalem gekommen.*

6 *Sie liefen von allen Seiten herbei, als das geschah. Fassungslos hörte jeder die Apostel in seiner eigenen Sprache reden.*

7 *„Wie ist das möglich?", riefen sie außer sich. „Alle diese Leute sind doch aus Galiläa,*

8 *und dennoch reden sie in unserer Muttersprache; ganz gleich, ob wir Parther, Meder oder Elamiter sind.*

9 *Andere von uns kommen aus Mesopotamien, Judäa, Kappadozien, Pontus und der Provinz Asien,*

10 aus Phrygien, Pamphylien und aus Ägypten, aus
    der Gegend von Kyrene in Libyen und selbst aus
    Rom. Wir sind Juden oder Anhänger des jüdischen
    Glaubens,
11 Kreter und Araber. Doch jeder von uns hört diese
    Männer in seiner eigenen Sprache von Gottes gro-
    ßen Taten reden!"
12 Bestürzt und ratlos fragte einer den anderen: „Was
    soll das bedeuten?"
13 Einige aber spotteten: „Die haben doch nur zu viel
    getrunken!"

Das Sprachwunder

Wir werden hier mit einem ganz besonderen Wunder
konfrontiert: Die Jünger sind befähigt, in anderen
Sprachen zu reden. Sie waren keine Sprachwissenschaftler, die an einer Universität die Sprache der Parther, Meder, Elamiter, Araber, Römer – insgesamt sind
15 verschiedene Sprachgruppen genannt – studiert
hätten.

Wie dieser Text zeigt, kann der Heilige Geist das Wunder vollbringen, dass einfache Galiläer, die zudem
noch ihren speziellen Dialekt hatten, plötzlich all die
verlangten Sprachen sprechen. Die Hörer aus den
verschiedenen Ländern waren darüber nicht nur erstaunt, vielmehr heißt es:

„Sie entsetzten sich aber alle, verwunderten sich
und sprachen: Siehe, sind diese, die da reden, nicht

alle Galiläer? Wieso hören wir sie dann jeder in unserer eigenen Sprache, in der wir geboren sind?" (Apostelgeschichte 2,7-8).

In der Bibel finden wir mancherlei Arten von Wundern, hier ist von einem *linguistischen Wunder* die Rede, und zwar in doppelter Weise:

7.1 Das Sprechwunder

Es handelt sich offenbar neben dem Hörwunder auch um ein Sprechwunder, denn die Jünger hatten ja nicht gleichzeitig in 15 verschiedenen Sprachen gepredigt. In der *Luther*-Übersetzung von Apostelgeschichte 2,4 heißt es:

> *„Und wurden alle voll heiligen Geistes und fingen an zu predigen mit anderen Zungen, nach dem der Geist ihnen gab auszusprechen."*

Was die *anderen Zungen* sind, wird nicht näher erläutert. Sie sprachen aber nur in *einer* Sprache (nicht gleichzeitig in 3 oder 15 verschiedenen), die sie offensichtlich nicht kannten, denn dazu **befähigte** sie der Heilige Geist. Welche Sprache *diese eine Sprache* war, wissen wir nicht – auf keinen Fall Aramäisch oder Hebräisch, denn es war eine vom Heiligen Geist gewirkte Sprache.

7.2 Das Hörwunder

Und nun kommt zu dem **Sprechwunder** noch das **Hörwunder** hinzu. Diese eine von den Jüngern artikulierte Sprache wird von allen Anwesenden so verstanden, als hörten sie das gepredigte Wort in ihrer Muttersprache.

An Pfingsten wird das, was in Babel durch die Sprachverwirrung – und unter Mitwirkung des Heiligen Geistes als Gericht geschah – nun wiederum durch den Heiligen Geist durch ein Wunder rückgängig gemacht.

Dies geschah nicht bleibend für immer, sondern ausschließlich für die Verkündigung des Evangeliums am Pfingsttag. Damit haben wir – wenn auch nur für einen Tag – wieder den Sprachzustand erreicht, der vor dem Turmbau zu Babel herrschte. In 1. Mose 11,1 hieß es:

> *„Es hatte aber die ganze Welt einerlei Sprache und Rede."* Und zu Pfingsten kommt es wieder dazu: *„Wie hören wir sie* [die Jünger] *dann jeder in unserer eigenen Sprache, in der wir geboren sind?"* (Apostelgeschichte 2,8).

Beachte: Das Sprachwunder von Pfingsten ging über unsere irdische Sprache **nicht** hinaus!

8. Die Sprache des Himmels

8.1 Kennzeichen der himmlischen Sprache

Die Sprache im Garten Eden war zwar sehr gut, aber es war dennoch nur eine *irdische Sprache*. Manche Ausleger vertreten die Auffassung, im Himmel würde Hebräisch gesprochen. Auch Hebräisch ist nur eine irdische Sprache, die Sprache der Ewigkeit aber ist eine **himmlische Sprache**. Warum ist das noch einmal ein ganz prinzipieller Unterschied? Die Antwort finden wir in 1. Korinther 2,9:

> *„Was kein Auge gesehen und kein Ohr gehört und* ***keinem Menschen ins Herz*** *gekommen ist, was Gott denen bereitet hat, die ihn lieben."*

Dieser Vers geht weit über **alles Irdische** hinaus und beschreibt uns die ewige Welt Gottes, also das Himmelreich.

Wenn es im Himmel Dinge gibt, die hier auf der Erde nie und nimmer in unser Herz gekommen sind, dann werden wir jene erstmaligen himmlischen Empfindungen auch nicht mit unserer Sprache zum Ausdruck bringen können. Darum muss die himmlische Sprache von ganz anderer Art sein.

- Sie wird **komplexer** sein, um kompliziertere Sachverhalte und Empfindungen (z. B. Freude über Jesus: 1. Petrus 1,8-9) auszudrücken, als wir sie von der Erde her kennen. Wir haben in der deutschen Sprache 4 Fälle, die russische hat 6 Fälle und das

Finnische sogar 16 Fälle. Ich weiß nicht, wie viele Fälle die himmlische Sprache hat. Vielleicht 3000 oder noch mehr?

- Sie wird **harmonischer** sein, da sie keine Merkmale des Falles trägt.
- Sie wird **unmissverständlich** in der Ausdrucksweise sein, da im Himmel alles vollkommen ist.
- Sie wird ein **Gotteslob** und eine Anbetung ermöglichen, die hier mit all unseren irdischen Sprachen nicht möglich war, darum vertritt uns jetzt der Heilige Geist im Gebet.
- Sie wird **kräftiger** und **wortgewaltiger** (= wie Donner: Offenbarung 14,2 & 19,6) und auch **wortreicher** sein.
- Sie wird **überwältigend** sein wie Wasserrauschen (Offenbarung 14,2 & 19,6).
- Sie wird ein weites Spektrum an Nuancen abdecken, d. h. sie wird sowohl **mächtig**, als auch melodiös und **harmonisch** sein.
- Sie wird eine Sprache sein, die das Wesen der **Liebe** angemessen ausdrücken kann. Wie stümperhaft und abgegriffen sind unsere Worte, wenn wir dem von uns geliebten Menschen sagen:

Ich liebe Dich.
Oder in Englisch: *I love you.*
Oder in Französisch: *Je t'aime.*
Oder in Schwedisch: *Jag elske dig.*
Oder in Russisch: *Я люблю тебя (Ja ljublju tebja).*

Wie armselig unsere irdische Sprache hinsichtlich der Liebe ist, wird schon daran deutlich, wenn wir dasselbe Wort auch benutzen, wenn wir sagen: *Hunde lieben Schappi* oder *Autos lieben Aral.*

In 2000 gab es im weltweiten Internet einen Computervirus, der *„I love you"* hieß. Solchen Missbrauch gibt es im Himmel nicht mehr.

Der deutsche Liederdichter *Johann Mentzer* hat 1704 die Begrenztheit unseres irdischen Lobes in Verse gefasst und auch einen Ausblick in die himmlische Sprache gewagt:

Vers 1: *O, dass ich tausend Zungen hätte*
und einen tausendfachen Mund,
so stimmt' ich damit um die Wette
vom allertiefsten Herzensgrund
ein Loblied nach dem andern an
von dem, was Gott an mir getan.

Vers 5: *Ach nimm das arme Lob auf Erden,*
mein Gott, in allen Gnaden hin.
Im Himmel soll es besser werden,
wenn ich bei deinen Engeln bin.
Da sing ich dir im höher'n Chor
viel tausend Halleluja vor.

8.2 Merkmale der himmlischen Sprache

Es ist erstaunlich, dass die Bibel uns einige Einblicke gibt, wie die himmlische Sprache beschaffen ist.

a) Sie ist für uns jetzt unaussprechlich

*„Denn wir wissen nicht, was wir beten sollen, wie sich's gebührt; aber der Geist selbst tritt für uns ein mit **unaussprechlichen** Seufzern. Der aber die Herzen erforscht, weiß, was der Sinn des Geistes ist; denn er tritt für die Heiligen so ein, **wie es Gott angemessen ist**"* (Römer 8,26-27).

Über Paulus, der zeitweilig ins Paradies – das ist noch nicht der Himmel – entrückt war, wurde 14 Jahre nach dem Ereignis berichtet:

*„Der [Paulus] wurde entrückt in das Paradies und hörte **unaussprechliche** Worte, die kein Mensch sagen kann"* (2. Korinther 12,4).

Daran sehen wir: Unser jetziges Sprachorgan kann die Laute der himmlischen Sprache gar nicht erzeugen. Erst unser neuer himmlischer Körper wird so gestaltet sein, dass er das vermag.

b) Sie kann Freude angemessen ausdrücken

Die **Freude im Himmel** über unseren Herrn Jesus ist jetzt noch nicht hinreichend mit unserer Sprache ausdrückbar:

*„Ihn liebt ihr, obgleich ihr ihn nicht gesehen habt; an ihn glaubt ihr, obgleich ihr ihn jetzt nicht seht, und über ihn freut ihr euch **mit unaussprechlicher** und herrlicher Freude, wenn ihr das Ziel eures*

Glaubens davonträgt, die Errettung der Seelen!"
(1. Petrus 1,8-9).

c) Sie ist mächtig wie Donnerhall und gleichzeitig mild und feinfühlig:

Offenbarung 14,2:

> „Und ich hörte eine Stimme aus dem Himmel wie die **Stimme vieler Wasser** und wie die **Stimme eines starken Donners**; und ich hörte die Stimme von **Harfenspielern**, die auf ihren Harfen spielten."

Offenbarung 19,6:

> „Und ich hörte etwas wie die Stimme einer großen Volksmenge und wie das **Rauschen vieler Wasser** und wie der **Schall starker Donner**, die sprachen: Halleluja! Denn der Herr, Gott, der Allmächtige, hat die Königsherrschaft angetreten."

Offenbarung 1,15 beschreibt uns die Stimme Jesu:

> „... und seine Stimme [war] wie das Rauschen vieler Wasser."

Vor einigen Jahren hatte ich Gelegenheit, die *Iguaçu*-Wasserfälle in Brasilien zu besichtigen. Diese sind noch mächtiger als die bekannten Niagara-Fälle in den USA. Sie bestehen aus 275 kleineren und größeren Wasserfällen, wobei das Wasser 40 bis 80 Meter in die Tiefe stürzt. Bei Hochwasser prasseln dort 11 000 Kubikmeter Wasser pro Sekunde herab und verursachen ein mächtiges Wasserrauschen. In diesem Bild vergleicht die Bibel die himmlische Sprache auch als kraftvoll.

d) Die Sprache des Himmels wird kreativ sein

Das gesprochene Wort Jesu ist schöpferisch. Ja, er selbst identifiziert sich mit dem Wort:

> *„Im Anfang war das Wort, und das Wort war bei Gott, und Gott war das Wort ... Alle Dinge sind durch dasselbe gemacht, und ohne dasselbe ist nichts gemacht, was gemacht ist"* (Johannes 1,1+3).

Auch in Hebräer 11,3 wird ausgesagt, dass die Welt durch das Wort entstand:

> *„Durch den Glauben erkennen wir, dass die Welt durch Gottes Wort geschaffen ist, so dass alles, was man sieht, aus nichts geworden ist."*

Im 1. Johannesbrief 3,2 lesen wir ein sehr starkes Wort, wie wir im Himmel sein werden:

> *„Es ist noch nicht offenbar geworden, was wir sein werden. Wir wissen aber: wenn es offenbar wird, werden wir **ihm gleich sein**; denn wir werden ihn sehen, wie er ist."*

Welche Schlussfolgerung ziehen wir aus diesem Vers? Wenn Gott das Ziel gesetzt hat, dass wir ihm – dem Herrn Jesus – gleich sein sollen, dann folgt doch daraus, dass

- wir auch seine Sprache sprechen werden,
- die uns verliehene himmlische Sprache eine vergleichbare Kreativität aufweisen wird wie die seine,
- wir auch die Fähigkeit bekommen werden, durch Sprache schöpferisch zu gestalten.

8.3 Wie erlernen wir die himmlische Sprache?

Werden wir bei der Ankunft im Himmel erst einmal zu einem längeren Sprachkurs geschickt, und am Ende bekommen wir ein Zertifikat über die bestandene Prüfung? Mit Sicherheit nicht! Es wird wie bei der Schöpfung sein. Wir erhalten eine fertig installierte vollkommene Sprache, die wir sofort einsetzen können.

8.4 Wir fahren alle auf der Titanic

Neulich las ich ein Buch mit dem Titel „*Der letzte Held der Titanic*"[2]. Dieses Schiff ist auf seiner Jungfernfahrt von Southampton nach New York im Nordatlantik in der Nacht vom 14. auf den 15. April 1912 untergegangen, nachdem es mit einem Eisberg zusammengestoßen war. Der Autor des Buches schreibt:

> „Der Untergang der Titanic mitsamt ihrer lebendigen Fracht hat Bestürzung in der gesamten zivilisierten Welt ausgelöst. Der Gedanke, dass über

---

[2] *Moody Adams*: Der letzte Held der Titanic, Betanien Verlag, 2. Auflage 2012, 126 S.

1500 Menschenleben durch das Sinken eines Schiffes ausgelöscht wurden, ist schlicht entsetzlich. Zu dem Zeitpunkt, als das große Schiff bereits am Meeresgrund lag, verkündeten die Zeitungen, die von dem Ereignis noch nichts wussten, immer noch, die Titanic sei **absolut unsinkbar**."

In dem genannten Buch wird das Verhalten einiger Passagiere geschildert. Einige Beispiele seien hier genannt:

Für Kapitän *Smith* war es die letzte Dienstfahrt vor seiner Rente. Kurz nach 2 Uhr hatte er alle seine Männer von allen Pflichten entbunden. Er ging mit dem Schiff unter.

Benjamin Guggenheim, einer der reichsten Männer an Bord, ging in seine Suite und kam in bester Abendgarderobe zurück an Deck, um wie ein Gentleman zu sterben.

Die Passagierin *Esther Hart* fand das blinde Vertrauen in die Technik mit der Vermessenheit „unsinkbar" – verbunden mit der Aufschrift am Bug des Schiffes „No God" – es gibt keinen Gott – als gotteslästerlich. Sie durchwachte die Nächte voll bekleidet.

John Harper war Pastor und verkündigte den Menschen Jesus als einzige Hoffnung. Während der letzten Minuten seines Lebens bemerkte er den Kohlenschlepper *George Henry Cavell*, der sich in seiner Nähe an einem Brett klammerte. *Harper*, der selbst mit dem Tode rang, rief ihm zu: „Ist Ihre Seele gerettet?"

Der sagte: „Nein." *Harper* sagte ihm: *„Glaube an den Herrn Jesus, so wirst du errettet werden."* *Harper* entglitt der Gegenstand, an dem er sich festhielt und sank in das eisige Grab. *Cavell* vertraute Jesus sein Leben an. Er erreichte das Rettungsboot Nr. 15 und wurde von der Carpathia gerettet. Er bezeugte später, dass er *Harpers* letzter Bekehrter war.

Der Autor dieses Buches schrieb ein Kapitel mit der Überschrift **„Wir fahren alle auf der Titanic"**. Dieses Wort hatte der Regisseur des erfolgreichen Titanic-Kinofilms *James Cameron* gesagt. Dieses Zitat scheint den Nagel auf den Kopf zu treffen. Die meisten Menschen leben so, als wäre ihr Leben unsinkbar, und Gottes Rettungsweg lehnen viele ab.

Auf der Titanic gab es drei Kategorien von Passagieren. Nach dem Untergang nur noch zwei: **gerettet oder untergegangen**. So ist es auch mit unserem Leben:

Nach dem Tod gibt es nur zwei Aufenthaltsorte, den **Himmel** oder die **Hölle**. Also: **gerettet** oder **verloren**. Wenn wir das erkannt haben, wird uns die Entscheidung für den Himmel leicht fallen.

8.5 Himmel und Hölle – ein Vergleich

Gott ist die Liebe, und darum ist der Himmel ein Ort der ewigen und bleibenden Liebe. Die Sprache des Himmels ist darum eine Sprache

- der Liebe,
- der Freude,
- der tiefen Empfindungen des Herzens
- und der absoluten Vollkommenheit.

Weil die Hölle der Ort der absoluten Abwesenheit Gottes ist, fehlt dort jegliche Liebe. Die Hölle ist darum ein Ort des Hasses, des nie endenden Leides, der Verzweiflung und der Hoffnungslosigkeit.

Darum wird die Sprache der Hölle eine Sprache sein

- des Hasses,
- der Lüge,
- der Hetze,
- des Bösen.

8.6 Unsere Berufung ist der Himmel

Niemand hat so eindringlich vor der Hölle gewarnt wie Jesus. Er beschrieb die Hölle als

- einen Ort der Finsternis (Matthäus 25,30),
- einen Ort des Heulens und Zähneklapperns (Matthäus 25,30),
- als einen Ort, wo der nagende Wurm nicht stirbt (Markus 9,44),
- als einen Ort in Flammen (Lukas 16,24),
- als einen Ort des ewigen nicht verlöschenden Feuers (Markus 9,43+46),
- als einen Ort der ewigen Pein (Matthäus 25,46),
- als einen Ort der Verdammnis (Matthäus 7,13).

Wenn wir das zur Kenntnis nehmen, dann wird uns verständlich, mit welch einer Eindringlichkeit Jesus uns zum Himmel einlädt:

> *„Geht hinein durch die enge Pforte. Denn die Pforte ist weit, und der Weg ist breit, der zur Verdammnis [= Hölle] führt, und viele sind's, die auf ihm hineingehen. Wie eng ist die Pforte und wie schmal der Weg, der zum Leben [= Himmel] führt, und wenige sind's, die ihn finden!"* (Matthäus 7,13-14).

Wer die Einladung Jesu annimmt, der hat den Himmel gewonnen:

- Der ist vom Tode zum Leben hindurchgedrungen (Johannes 5,24)
- Der hat ewiges Bürgerrecht im Himmel (Philipper 3,20)
- Der hat Gott zum Vater (Johannes 16,27)
- Der hat Jesus zum Heiland, zum Retter und König (Philipper 3,20; Johannes 3,17 & 1,49).

Teil II:

Der Mann der Superlative

Einleitung

Wer könnte wohl der Mann der Superlative sein, von dem im Folgenden die Rede sein soll? Ist er im Guinnessbuch der Rekorde zu finden? Als kleine Auswahl aus diesem Buch seien hier drei Personen ausgewählt: Den Weltrekord im Hühnchenessen hält *Edward Abraham Miller* aus Oakland in Kalifornien. Er verputzte nacheinander 27 Hühnchen zu je 908 Gramm. Im Bratwürstchenessen ist *Peter Daudesville* der Schnellste. Er verschlang in 4 Minuten und 29 Sekunden 96 Bratwürstchen. Und als schnellster Barbier gilt *Jerry Harley*. Er hat mit einem Sicherheitsrasiermesser in 60 Minuten 987 Männer rasiert.

Doch keiner aus diesem Rekorde-Buch ist der hier gesuchte Mann. Dieser steht in einem weitaus wichtigeren Buch, in der Bibel. Die Bibel ist voller Superlative. Bereits auf der ersten Seite, beim Schöpfungsbericht, stößt der Leser von einem Superlativ auf den anderen, und so geht es weiter bis hin zum letzten Buch der Bibel. Dort ist von einer Datenbank die Rede, die mehr Daten enthält, als Menschen je festgehalten haben:

„... und Bücher wurden aufgetan, und ein anderes Buch wurde aufgetan, welches ist das Buch des Lebens. Und die Toten wurden gerichtet nach dem,

was in den Büchern geschrieben steht, nach ihren Werken" (Offenbarung 20,12).

Das ist Gottes Datenbank. In diesen „Büchern" ist jeder Mensch namentlich eingetragen, von Adam und Eva bis hin zu allen heute Lebenden. Der Eintrag enthält nicht nur die Angaben, die auch dem Einwohnermeldeamt vorliegen, also Geburtsdatum, Körpergröße und Augenfarbe, sondern auch Schuhgröße, Haarfarbe, Haarmenge und tausenderlei andere Äußerlichkeiten. Alleine die statistischen Daten über jeden Erdenbürger übertreffen alles nur menschlich Vorstellbare.

Viel bedeutender aber ist, dass alle Gedanken und Taten jedes einzelnen Menschen darin verzeichnet sind. Das Gute in unserem Leben, aber auch jede einzelne Sünde ist erfasst. Hinzu kommt, dass nichts aus dieser riesigen Datenbank verloren geht. Die Bibel berichtet uns, dass einmal jeder gemäß dieser vollständigen Biographie gerichtet wird. Alles, was je an Gedanken durch unseren Kopf gegangen ist und was je unsere Zunge bewegt hat, steht darin und wird einmal offenbar werden. Vor dieser minutiösen Buchführung können wir nur erschrecken. Dem Herrn sei Dank – es gibt auch bei Gott einen „Delete"-Befehl. Das ist der Befehl zum Löschen der Sünden. Wenn jemand seine Sünden mit dem Kreuz Jesu Christi in Verbindung bringt, ist das in Gottes Augen so, als hätten die Sünden niemals in der Datenbank gestanden. Mehr noch: Dann erscheint ein Mensch vor Gott völlig gerecht – so, als hätte er nie eine Sünde getan. Das ist auch ein Superlativ.

Im Folgenden soll von einem „Mann der Superlative" die Rede sein, der in der Bibel reichlich zu Wort kommt. Wenn man unter diesem Titel auch so manche biblische Gestalt vermuten könnte, etwa Simson oder Mose oder Hiob, so wollen wir uns näher mit jemandem beschäftigen, auf den man nicht ohne Weiteres kommt. Aber immerhin bringt dieser Mann es spielend auf mindestens zehn Superlative. Es ist der Apostel Paulus.

1. Erster Superlativ: Er war der größte Eiferer um den Gott Israels

Saulus, so hieß er zuerst, wollte Gott dienen, und darum eiferte er um ihn wie kein anderer. Als Stephanus gesteinigt wurde und so zum ersten Märtyrer um Jesu willen wurde, hatte Saulus *„Wohlgefallen an seinem Tode"* (Apostelgeschichte 8,1). Er meinte, mit der Beseitigung dieser Person tue man Gott einen Dienst. Darüber freute sich Saulus und machte die weitere Christenverfolgung zu seiner Sache. Diese Leute sollten einfach von der Bildfläche verschwinden. In seinem Eifer meinte er, Gott einen Gefallen damit zu tun.

„Saulus aber schnaubte noch mit Drohen und Morden wider die Jünger des Herrn und ging zum Hohenpriester und bat ihn um Briefe nach Damaskus an die Synagogen, auf dass, wenn er etliche von der neuen Lehre fände, Männer und Frauen, er sie gebunden führte nach Jerusalem" (Apostelgeschichte 9,1-2).

Das war Einsatz mit voller Kraft! Saulus war ein Mann von unvorstellbarer Willenskraft. Ohne Rücksicht auf die Kosten an Kraft, Zeit und Geld setzte er seine Ideen in die Tat um. Was er sich vorgenommen hatte, das führte er auch vorbehaltlos aus. Er hatte noch einige weitere Voraussetzungen, um zum größten Missionar aller Zeiten zu werden: Er war Jude und zugleich römischer Staatsbürger. Dadurch hatte er problemlos Zugang zum gesamten Römischen Reich. Weiterhin hatte er eine außergewöhnlich gute Schriftkenntnis, denn er saß *„zu den Füßen Gamaliels"* (Apostelgeschichte 22,3) und studierte biblisches Schrifttum bei einem sehr bedeutenden Professor jener Zeit. Paulus wurde selbst zum Gelehrten; zudem war er ein ausgezeichneter Kenner der hebräischen und griechischen Sprache.

Nur die allerwichtigste Voraussetzung für einen Missionar fehlte dem Saulus noch: Jesus Christus. Niemand kann Missionar sein ohne Jesus. Nach einem Vortrag rief mir jemand zu: „Wenn das Evangelium so wichtig ist, wie Sie es herausgestellt haben, dann muss man doch sofort nach Indien oder sonst wohin ausreisen, um es den Leuten dort zu sagen." Ich habe geantwortet: „Junger Mann, gehen Sie auf keinen Fall raus! Sie richten dort mehr Schaden an als Sie Gewinn bringen." – „Warum das denn?" – „Wenn Sie sich nicht bekehren und so losziehen wie Sie sind, werden Sie mehr zerstören als heilen. Das Wichtigste, was Ihnen fehlt, ist Jesus." Erst wenn Jesus Christus zum persönlichen Herrn geworden ist, kann die Mission beginnen.

Saulus war unterwegs, um die Gemeinde der Christen zu verfolgen. Da kam es in der Wüste zu dem entscheidenden Ereignis seines Lebens:

> *„Und als er auf dem Weg war und nahe an Damaskus kam, umleuchtete ihn plötzlich ein Licht vom Himmel; und er fiel auf die Erde und hörte eine Stimme, die sprach zu ihm: 'Saul, Saul, was verfolgst du mich?' Er aber sprach: 'Herr, wer bist du?' Der Herr sprach: 'Ich bin Jesus, den du verfolgst'"* (Apostelgeschichte 9,3-5).

Bei dieser Begegnung mit Jesus fiel Saulus zu Boden. Gott hat viele Möglichkeiten, in ein Leben einzugreifen. Bei ihm gibt es keine Schablonen; er hat viele Methoden, und keine Bekehrung gleicht „äußerlich" der anderen. Jeder hat sein individuelles Erleben, wie er zu Jesus gefunden hat.

Wie stark Saulus – später Paulus (Apostelgeschichte 13,9) – von da an Jesus gebunden war, wird an der Antwort erkennbar, die er in Philippi dem Gefängnisdirektor gab. Der schrie beim Beben der Gefängnismauern: *„Was soll ich tun, um gerettet zu werden?"* Paulus antwortete nicht: „Glaube an Gott, und du wirst gerettet", sondern: *„Glaube an den Herrn Jesus, dann wirst du und dein Haus gerettet"* (Apostelgeschichte 16,31). Diese Antwort ist auch für uns aufschlussreich: Ein Mann, der so fest an den Gott der Väter des Alten Testaments glaubte, rief spontan: *„Glaube an den Herrn Jesus!"* Auch Jesus hatte die Jünger Grundlegendes über den Zugang zum Himmel gelehrt: *„Niemand kommt zum Vater denn durch* *mich"* (Johannes 14,6). Das ist offenbar ein Satz ohne Ausnahme. Viele unserer Zeitgenossen nehmen an dieser Ausschließlichkeitserklärung Anstoß. Zu dem Satz *„Glaube an den Herrn Jesus, so wirst du gerettet werden!"* gab es für Paulus keine Alternative. Seitdem er das selber erfuhr, hatte er den kostbarsten Marschkompass in der Tasche. Nun machte er sich mit dieser Botschaft auf den Weg, nämlich dem allein rettenden Evangelium von Jesus Christus, dem Sohn Gottes.

2. Zweiter Superlativ: Paulus wurde unmittelbar vom Auferstandenen bekehrt

Keinem Menschen ist Jesus Christus nach seiner Auferstehung so unmittelbar begegnet wie Paulus, der dadurch bekehrt wurde. Wie es die Bibel bezeugt und die Geschichte der Gemeinde Jesu belegt, ist es der Wille Gottes, dass seine Botschaft von Menschen verkündigt wird. Fernstehende hören das rettende Wort Gottes, und sie haben die Freiheit, es anzunehmen oder abzulehnen. Immer wieder geschieht die Bekehrung eines Menschen durch Mitwirkung anderer Menschen, die Gott gebraucht. Paulus war die einzige Ausnahme – welch ein Superlativ – er wurde durch den auferstandenen Christus direkt bekehrt![3]

---

[3] In neuerer Zeit hören wir immer wieder Zeugnisse von Muslimen, denen Jesus im Traum erschienen ist. Sie erkennen Jesus als den wahren Herrn, der ihnen auch gleich einen Christen benennt, der sie im Glauben weiterführt. In seinem beeindruckenden Taschenbuch „Entführt – vergewaltigt – verstoßen" berichtet mein Freund *Paul Koch*, von 2005-2010 Regionaldirektor des Internationalen Gideonbundes der Region Osteuropa und Naher und Mittlerer Osten, mehrfach von →

Gott hat verfügt, dass seine Botschaft nicht durch Engel, sondern durch Menschen bekanntgemacht wird. Jesus wies seine Jünger an: *„Darum geht hin und macht zu Jüngern alle Völker ..."* (Matthäus 28,19)! Dieser Missionsauftrag ist so weitreichend – er gilt der ganzen Welt. Dieses weite Feld hat Gott uns Menschen anvertraut, keinen Engeln.

Ein Mann hörte die Botschaft von Jesus Christus im Missionszelt. Er ärgerte sich darüber und begann laut gegen Gott zu lästern. Schließlich stichelte er: „Also, wenn es euren Gott wirklich gibt, dann müsste er doch jetzt einen Engel schicken, um mich gleich zu verprügeln!" Da stand in der anderen Ecke ein Schmied von zwei Metern Körpergröße und mit breitem Kreuz auf, der ihm antwortete: „Dazu muss Gott gar keinen Engel schicken. Das kann ich gleich erledigen." In einem Lied heißt es treffend: „Überall, überall hat Gott seine Leute."

3. Dritter Superlativ: Zuallererst Christus

Bei Paulus stand Christus wirklich an allererster Stelle. Diese seine Position hat er in Philipper 3,7-8 beschrieben:

> *„Aber was mir Gewinn war, das habe ich um Christi willen für Schaden geachtet. Ja, ich achte es noch alles für Schaden gegen die überschwängli-*

→ solchen Personen. (Hrsg.; Internationaler Gideonbund in Deutschland, Wetzlar, 2011, 95 S.)

che Größe der Erkenntnis Christi Jesu, meines Herrn, um welches willen mir das alles ein Schaden geworden ist, und achte es für Kot, auf dass ich Christus gewinne."

Bei Paulus hat eine Umbuchung aller Werte stattgefunden. Im Vergleich zu Christus bezeichnet er alles andere nur noch als „Dreck". Christus steht ganz groß an erster Stelle. Er ist nicht die Verzierung des Lebens, sondern er hat den ersten Rang.

Diese Tatsache stellt dem Leser die Frage: Auf welchem Platz steht Christus bei dir? Dieser zentralen Frage des Glaubens wollen wir nicht ausweichen, sondern in aller Stille darüber nachdenken. Wo stehe ich wirklich? Gibt es etwas in meinem Leben, das noch vor Christus steht – vielleicht eine Briefmarkensammlung, der Beruf oder die Familie? Von der Stellung zu Christus hängt unser Leben grundlegend ab, das himmlische wie auch das irdische.

4. Vierter Superlativ: Paulus war der größte Prediger für die Juden

Die Verkündigung des Evangeliums geschah bei Paulus nach einer ganz besonderen Strategie: Zuerst ging er zu den Juden. Kam er an einen neuen Ort, so suchte er zunächst die Synagoge auf: *„Und alsbald predigte er in den Synagogen von Jesus, dass dieser Gottes Sohn sei"* (Apostelgeschichte 9,20). Hätte er Jesus als einen guten Menschen, einen Freund der Armen oder gar als einen Sozialrevolutionär bekanntgemacht und hinzugefügt: „Er liebt euch!", hätte er überall Beifall und Dank erhalten.

Aber Paulus stellte ohne Umschweife den entscheidenden Punkt heraus: „Er ist der Sohn Gottes". Dabei betonte er weiterhin, dass alles Heil der Welt nur von diesem Jesus und keinem anderen sonst abhängt. Genau das haben auch wir zu bezeugen: Das Heil der Welt und des Einzelnen hängt von keinem anderen Parameter ab – weder von guten Taten noch von einer edlen Gesinnung. Es hängt an einer einzigen Person, an Jesus Christus. Das aber lehnten die Hörer in den Synagogen meistens ab, und sie warfen Paulus hinaus. Das hatte er nun von seiner „engen" Verkündigung! Er konnte nicht anders predigen, denn sonst hätte er keine Rettung bringen können. Paulus aber liebte seine „Judengenossen", wie er sie nannte, und darum sagte er ihnen die ganze Wahrheit. Welche Liebe er zu seinem Volk hatte, geht aus Römer 9,3 hervor: *„Ich selber wünschte, verflucht und von Christus getrennt zu sein für meine Brüder."* Aus Liebe wäre Paulus lieber selbst verloren gegangen, wenn dadurch sein Volk hätte gerettet werden können.

Nur aus diesem Grund predigte er den Juden auch rückhaltlos die Wahrheit. Sinngemäß erklärte er: „Leute, alles hängt davon ab, dass ihr an diesen Jesus glaubt. Alles andere reicht nicht für den Himmel." Paulus antwortete auf die Ablehnung der Juden, und das bewegt mich sehr: *„Weil ihr nun dieses Wort verworfen habt, achtet ihr euch selbst nicht mehr für wert des ewigen Lebens"* (Apostelgeschichte 13,46). So entscheidend und wichtig ist diese Botschaft von

Jesus. Wer sie ablehnt, hat sich selbst aus dem ewigen Leben katapultiert. Das ist die Konsequenz, und vor diese Entscheidung konnte Paulus das Volk nur stellen, weil er es liebte.

Bei einem Besuch in Braunschweig gab es einen Vortragsabend mit Professor *Pinchas Lapide* (1922–1997), einem bekannten jüdischen Theologen. Dieser hielt ein langes Referat über Jesus. Dabei zitierte er verschiedene Texte des Neuen Testaments und kommentierte diese so wissenschaftlich, dass seine eigene Ansicht über Jesus nicht erkennbar wurde. Trotz positiver Grundhaltung zu den Evangelien war sein Vortrag ähnlich neutral gehalten wie man über eine mathematische Formel referiert. Jesus Christus aber ist eine Person, von der man nur vermeintlich neutral reden kann. Am Ende des Vortrags gab es die Möglichkeit, Fragen zu stellen. Ich meldete mich: „Sie haben sehr viel über Jesus gesprochen. Mich interessiert, wer ist dieser Jesus für Sie persönlich?" Er antwortete: „Für uns Juden ist Jesus ein Prophet wie etwa Jeremia." Diese allgemeine Antwort „Für uns Juden" empfand ich als Ausweichmanöver. Er fuhr aber fort: „Für Sie ist Jesus der Messias, der schon gekommen ist." Erst im dritten Anlauf ging er auf die gestellte Frage ein: „Und nun will ich sagen, was er *für mich* ist. Hören Sie genau hin! Möglicherweise – und dieses Wort sei dreimal dick und fett unterstrichen – ist der Messias, der für Sie schon gekommen ist und auf den wir Juden noch warten, ein und dieselbe Person." Es ist erstaunlich, wie dicht ein Mensch an der richtigen Erkenntnis von Jesus stehen kann! Wenn dieser hochrangige jüdische Gelehrte sein „Möglicherweise" mit den dicken Unterstreichungen wegnimmt, ist er bei Jesus. Jesus selbst beurteilte einmal einen Mann, der gute, biblisch gegründete Antworten gab: *„Du bist nicht fern vom Reich Gottes"* (Markus 12,34). „Nicht fern" – heißt zwar „nahe", aber noch nicht ganz drin!

Manche Menschen sind meilenweit vom Reich Gottes entfernt. Die muss man Stück um Stück heranholen. Ich staune aber auch, wie schnell das manchmal gelingt. Der Ehemann einer gläubigen Frau, mit der ich entfernt verwandt bin, ließ sich zu einem Vortrag einladen, den ich in der Nähe ihres Wohnortes zu halten hatte. So kam er aus rein verwandtschaftlichen Gründen zu der Abendveranstaltung. Bei der Begrüßung eröffnete er mir gleich: „Zu dieser christlichen Veranstaltung bin ich mehr oder weniger nur mitgeschleppt worden. Damit die Fronten klar sind und du meinen Standpunkt kennst: Ich bin Atheist." Mehr unbedacht, aber spontan antwortete ich: „Das wirst du nicht lange durchhalten." Während des Vortrags blieb er sitzen. Am Ende des Vortrags bot ich eine Nachversammlung an, in der ich den Weg zu Jesus erklären wollte. Zu meiner großen Überraschung kam auch *Bernhard* dorthin. Ich traute meinen Augen nicht und unterstellte ihm Neugierde, dass er nur einmal sehen wolle, was dort wohl geschehe. Üblicherweise stelle ich nach allen Erklärungen jedem Einzelnen die Frage: „Wollen Sie das für sich annehmen?" Ich konnte es nicht fassen: Der ausgemachte „Atheist" hatte tatsächlich nicht lange durchgehalten. Er fand an jenem Abend den Herrn Jesus.

Was hatte ihn zu diesem unerwarteten JA bewogen? Ich musste wohl etwas gesagt haben, was ihn in seiner Seele traf. Das atheistische Denkgebäude brach an einem Abend wie ein Kartenhaus zusammen. Er erkannte plötzlich: „Auch ich brauche diesen Jesus." Gott überwindet auch solche Leute, die ganz weit weg sind. Er nimmt die Starken zum Raube (Jesaja 53,12). Was Verkündiger nicht machen können, schafft der Heilige Geist. Er gibt das richtige Wort zur rechten Zeit. Jesus versprach den Jüngern: „*Man wird euch vor Statthalter und Könige führen um meinetwillen ... so sorgt nicht, wie oder was ihr reden sollt; denn es soll euch zu der Stunde gegeben werden, was ihr reden sollt*" (Matthäus 10,18-19). Davon darf auch heute jeder Verkündiger ausgehen.

5. Fünfter Superlativ: Paulus war der größte Missionar der Heiden

Als Paulus mit dem Schiff von Kleinasien nach Neapolis (heute Kavala) übergesetzt war, betrat er zum ersten Mal europäischen Boden. Paulus ahnte nichts von der Tragweite dieses Schrittes. Vielleicht hat er eher gezweifelt, ob dieser Weg richtig sei, denn schon bald wurde er wegen seiner Botschaft verprügelt und ins Gefängnis geworfen. Die erste Person, die sich auf europäischem Boden bekehrte, ist namentlich bekannt. Es war eine Frau namens Lydia. Ihr traf die Botschaft tief ins Herz, und sie fand spontan zu Jesus.

Paulus schrieb an die Galater: „*Mir war das Evangelium an die Heiden anvertraut*" (Galater 2,7). Nachdem er an verschiedenen Orten Gemeinden gegründet hatte, schrieb er ihnen Briefe. Diese waren als Richtschnur und Hilfe für die neuen Gemeinden verfasst worden, aber sie umfassen mehr als ein Drittel des Neuen Testaments. Was im Namen Gottes getan wird, hat Bestand. Die Briefe haben weltweite Bedeutung erlangt und sind in viele Sprachen der Welt[4] übersetzt worden. Heute kann in fast allen Völkern und Stämmen das Neue Testament in der geläufigen Muttersprache gelesen werden – welch eine unvorstellbare Frucht! Dabei ist zu bedenken, dass Paulus seine Briefe nicht am grünen Tisch und mit weitem Blick auf eine schöne Landschaft geschrieben hat, sondern oft unter äußersten Schwierigkeiten. Im Namen Jesu hat er treu durchgehalten und seinen Dienst ausgeführt.

Sehr eindrücklich wurde mir das bei einer Reise nach Australien. Dort hatte ich im äußersten Osten des Landes – in Gold Coast – in einer Gemeinde zu sprechen. Von hier aus gesehen ist das ungefähr der am weitesten entfernte Ort der Welt. Da hatte sich am Sonntagmorgen eine große Gemeinde versammelt, um das Wort Gottes zu hören. „Unvorstellbar", dachte ich, „diese Botschaft hat wirklich die Enden der Erde erreicht, so wie es der Herr Jesus vorhergesagt hat." Auch dort wurde ein Wort aus einem Brief des Apo-

---

[4] https://de.wikipedia.org/wiki/Bibel%C3%BCbersetzung:
Bis Anfang 2023 ist die Bibel oder sind Teile davon in 3610 Sprachen übersetzt worden. Gesamtübersetzungen der Bibel liegen in 733 Sprachen vor, das vollständig übersetzte Neue Testament in 1622 und Teilübersetzungen in weiteren 1255 Sprachen. Damit ist die Bibel das am weitesten verbreitete und auch das am häufigsten übersetzte Buch der Welt.

stels Paulus gelesen. Ja, Paulus ist wirklich der größte Missionar der Heiden gewesen.

6. Sechster Superlativ: Die Predigt des Paulus war eine starke Herausforderung an seine Zuhörer

Kein Mensch hat jemals seine Hörer mit der Verkündigung so stark herausgefordert wie Paulus – außer Jesus Christus selbst, der Sohn Gottes. Die Predigt des Paulus hatte eine enorme Durchschlagskraft. In Philippi, der ersten Station Europas, wurde Paulus wegen seiner Worte hart geschlagen und ins Gefängnis geworfen. In Thessalonich warf man ihm vor, den *„ganzen Erdkreis zu erregen"* (Apostelgeschichte 17,6). In Ephesus geriet die ganze Stadt in Aufruhr, weil er einen Gott verkündigte, der *„nicht mit Händen gemacht"* (Apostelgeschichte 19,26) ist. Dadurch kam er mit der Goldschmiedegewerkschaft und deren Vorsitzendem Demetrius in Konflikt. Die Goldschmiede bauten und verkauften Modelle vom Tempel der Göttin Artemis, die auch Diana heißt. Schließlich schrie die riesige Volksmenge im Theaterrund stundenlang: *„Groß ist die Diana von Ephesus"* (Apostelgeschichte 19,34)!

Paulus räumte an allen Stationen mit den heidnischen Gottesvorstellungen auf. Auch auf dem Areopag von Athen (Apostelgeschichte 17,22-31) betonte er:

> *„Dieser Gott, der Himmel und Erde gemacht hat, ist weder zeitlich noch räumlich. Er ist überräumlich*

und überzeitlich; er durchdringt alles und ist über-
all gegenwärtig. Er ist nicht wie die vermenschlich-
ten Götter aus Holz, Elfenbein oder Gold gefertigt."

Alle Götter und Göttinnen, die die Griechen verehr-
ten, bis hin zu denen, die die Menschen der Gegenwart ernennen, sind sündhafte Götter.

Paulus hatte den Mut, auf Adam als den ersten Menschen hinzuweisen: *„Und er hat aus einem Menschen*
das ganze Menschengeschlecht gemacht" (Apostelgeschichte 17,26). Als ich nach meiner Bekehrung auf
diesen Satz stieß, wurde mir klar: Die Evolutionslehre
ist ein menschliches Denkgebilde, das aus den Hirnen
verlorener Menschen stammt. Paulus hätte auch von
Zufall und Notwendigkeit reden können, wie es schon
die griechischen Philosophen lehrten. Er aber verkündigte Gott:

> *„In ihm leben, weben und sind wir"* (Apostelge-
> schichte 17,28).

Das war damals genauso unerhört wie heute. Das bedeutet doch, dass jeder Mensch in diesem unsicht-
baren Gott lebt, nämlich in überräumlichem Sinn,
dass Gott alles durchdringt. Wo sich auch immer ein
Mensch befindet, nie ist er außerhalb von Gottes
Reichweite. Paulus blieb in seiner Botschaft eng und
klar.

In Korinth, einer Stadt voller Heidentum und Sünde,
fand er einen riesigen Baukomplex mit Apollotempeln.
Möglicherweise ist Paulus zusammengezuckt und war

erschrocken, dass alle Menschen diesem Tempelkult folgten. Er dagegen hatte nichts Sichtbares vorzuweisen. Doch dann predigte er vielleicht so: „Eure Fundamente, die ihr mit euren Tempeln gelegt habt, haben keinen Bestand. Sie werden einmal alle verschwinden." Später schrieb er den Christen in Korinth:

> „Einen anderen Grund kann niemand legen außer dem, der gelegt ist, welcher ist Jesus Christus" (1. Korinther 3,11).

Wer heute nach Alt-Korinth fährt, kann diesen Satz bestätigen, denn er sieht nur noch einige krümelige Bausteine. Die Tempel sind längst verschwunden. Doch das Fundament Jesus Christus ist geblieben und bleibt in Ewigkeit. Wer sein Leben auf Christus gründet, hat ein festes und unvergängliches Fundament.

7. Siebter Superlativ: Die Vollmacht des Paulus

Die Lehrautorität und die Dienstvollmacht hat sich Paulus nicht selbst angemaßt. Auch haben ihn nicht Menschen berufen:

> „Das Evangelium, das von mir gepredigt ist, ist nicht menschlicher Art, denn ich habe es von keinem Menschen empfangen noch gelernt, sondern durch eine Offenbarung Jesu Christi" (Galater 1,11-12).

Bei dem Herrn Jesus Christus selbst ist er in die beste Bibelschule gegangen. Dieser hat ihm die Informationen gegeben, und die hat er verkündigt. Das war das Geheimnis seines effektiven Wirkens. Das Geheimnis von Vollmacht liegt immer in der Bindung an das Wort Gottes und an den Sohn Gottes, an Jesus Christus. Hier bleibt Paulus streng:

> *„Aber wenn auch wir oder ein Engel vom Himmel würde Evangelium predigen anders als wir gepredigt haben, der sei verflucht"* (Galater 1,8).

Heutzutage erleben wir mancherlei Veränderungen des Evangeliums. Zwar wird es verkündigt, aber oft mit angepasstem Inhalt an den Zeitgeist. Es werden Ansichten hinzugefügt, die gar nicht in der Bibel stehen. Dafür werden wichtige Aussagen weggelassen, die nicht zu dem selbstgeschneiderten Gottesbild passen. So wird zum Beispiel von einem liebenden Gott gesprochen, aber die Sintflut wird ignoriert; denn dieses furchtbare Gericht – so meint man – passt nicht zum Bild von einem liebenden Gott.

Doch Gott hat wirklich eine solche Sintflut über die Erde kommen lassen, in der Millionen von Menschen ersoffen sind. Das geschah wegen ihrer Sünde. Ich wage den Satz: Die Menschen sind in ihrer eigenen Sünde „ersoffen", denn sie hielten sich von Gott fern. Auch die heutige Welt, die nach ihren eigenen Gesetzen und fernab von Gottes Wort lebt, wird Gottes Gericht erfahren.

Leider wird in vielen Sendungen und Veröffentlichungen, wie z. B. dem „Wort zum Sonntag" oder Andachten in Tageszeitungen, der Kern der biblischen Botschaft in der Regel nicht mehr angesprochen. Ich halte das für gefährlicher, als wenn gar nichts gesagt oder geschrieben würde. Es ist eine Tragik, wenn biblische Aussagen nur oberflächlich angerissen werden. Vielleicht kommt irgendwo „Gott" noch als Vokabel vor. Fernstehende, die das hören, fühlen sich in ihrem Denken bestätigt: „Ach so, dann kann ich ja auf meinem Weg weitergehen." So werden dann viele Menschen im Gericht Gottes mit Recht sagen: „Wir haben es nie anders gehört, und die Prediger, die wir hörten, haben uns das Christentum als etwas Belangloses hingestellt." Wie schlimm ist das!

Christliche Veröffentlichungen und Ansprachen müssen die klare Botschaft von Jesus Christus enthalten. Darin ist uns Paulus ein gutes Vorbild. Er hat von Gottes Wort nichts weggestrichen, auch nicht das Gericht. Dennoch liebte dieser Mann seine Zuhörer, ob Juden oder Heiden, und das spürten sie auch. Er wollte seine Zuhörer retten und setzte alles dran, sie zu gewinnen: „... *auf dass ich ihrer etliche gewinne*" (1. Korinther 9,19). Sein Anliegen war: „Ich will einmal mit euch im Himmel zusammen sein." Den Weg dahin hatte er zu verkündigen.

„*Wer euch hört, der hört mich*" (Lukas 10,16), gab Jesus seinen Jüngern mit auf den Weg. Dass gilt auch für uns, wenn wir uns ohne Abstriche an sein Wort halten.

8. Achter Superlativ: Paulus war der größte Sünder, aber auch der größte Arbeiter für Gott

Wenn Paulus zeugnishaft von sich selbst redet, können wir manchmal nur den Atem anhalten. Was er erlebt und erduldet, aber auch getan hat, ist manchmal schier unfassbar. Dennoch über- oder untertreibt er nicht: *„Ich sage die Wahrheit in Christus und lüge nicht"* (Römer 9,1). Paulus war unzähligen Gefahren ausgesetzt, aber lieber ging er ins Gefängnis, als dass er etwas Falsches sagte. Lieber ließ er sich verprügeln, als nur die halbe Botschaft zu bringen. Unglaublich, wie dieser Mann zu allem stand, was er predigte! Vor diesem Hintergrund sollten wir die folgenden Aussagen betrachten:

1. Paulus bezeichnete sich als den *„vornehmsten"*, also den schlimmsten Sünder (1. Timotheus 1,15) und nannte sich eine *„unzeitige Geburt"* (1. Korinther 15,8) unter den Aposteln. Das ist auch ein Superlativ: Paulus hat unter den Sündern Platz 1 eingenommen. Das ist ein Trost für jeden, der an sich verzweifelt: „Ich habe so viele Sünden in meinem Leben angehäuft, da ist so vieles kaputt! Kann mir überhaupt noch vergeben werden?" Er darf wissen: „Du kannst höchstens Platz 2 unter den Sündern erhalten, Platz 1 ist schon besetzt, nämlich von Paulus, und der erlangte auch Vergebung."

2. Er war aber auch der größte Arbeiter im Reich Gottes. *„Ich habe mehr gearbeitet als sie alle ..."* Das klingt nach Eigenlob, und so fügte er hinzu: *„Nicht* *aber ich, sondern Gottes Gnade, die in mir ist"* (1. Korinther 15,10). Paulus wusste, wo die Quelle seiner Arbeitskraft lag. Trotzdem stellte er sich selbst als Vorbild hin. *„Werdet doch wie ich!"* (Galater 4,12). Dazu würde wohl kaum jemand so öffentlich aufrufen. Paulus konnte das, weil er mit seinem Leben unterschrieben hatte, was er verkündigte:

> *„Was ihr gelernt und empfangen und gehört und gesehen habt an mir, das tut; so wird der Gott des Friedens mit euch sein"* (Philipper 4,9).

3. Paulus bekannte auch: *„Ich glaube allem, was geschrieben steht"* (Apostelgeschichte 24,14). Er glaubte jedem Wort der Schrift. Zu seiner Zeit lag nur das Alte Testament vor. Somit glaubte Paulus auch allen Aussagen über den Schöpfungsbericht. Alle Einzelheiten akzeptierte er; auch jene, die heute manch einem zum Stein des Anstoßes geworden sind. Das Bekenntnis des Paulus zur Schrift ist mir zum Schlüsselwort für meinen Glauben an die Wahrheit der ganzen Bibel geworden. So ist uns Paulus auch heute ein gutes Vorbild, wenn es darum geht, ob wir wirklich alles in der Bibel vorbehaltlos akzeptieren können.

4. Auf einer Reise unter dem Motto „Auf den Spuren des Apostels Paulus" wurde mir so richtig bewusst, welche Strapazen Paulus während seiner Wanderungen von Ort zu Ort erlitten haben muss. In unserem vollklimatisierten Reisebus hatten wir es leicht, durch die Gebiete von Athen, Korinth und die Türkei zu kommen. Wo der Bus zur Übernachtung hielt, konnten wir sofort ein komfortables Hotel betreten. Nach der Zimmerbelegung wurden wir zu einem Empfangsessen gebeten. Alles war bestens organisiert!

Völlig anders hat Paulus das erlebt. Erwartet hat ihn niemand, allenfalls waren da einige Leute an der Stadtmauer, die sich darin einig waren: „Wenn der kommt, müssen wir ihm erst einmal eine ordentliche Tracht Prügel verabreichen." Ein genüssliches Abendessen hatte auch niemand bereitet. In 2. Korinther 11,23-27 listet Paulus etwas aus dem Katalog seiner Beschwernisse auf:

> *„Ich bin öfter gefangen gewesen, ich habe mehr Schläge erlitten, ich bin oft in Todesnöten gewesen. Von den Juden habe ich fünfmal erhalten vierzig Geißelhiebe weniger einen; ich bin dreimal mit Stöcken geschlagen, einmal gesteinigt worden; dreimal habe ich Schiffbruch erlitten, einen Tag und eine Nacht trieb ich auf dem tiefen Meer. Ich bin oft gereist, ich bin in Gefahr gewesen durch Flüsse, in Gefahr unter Räubern, in Gefahr unter Juden, in Gefahr unter Heiden, in Gefahr in Städten, in Gefahr in Wüsten, in Gefahr auf dem Meer, in Gefahr unter falschen Brüdern; in Mühe und Arbeit, in viel Wachen, in Hunger und Durst, in Fasten, in Frost und Blöße."*

Den Christen in Philippi teilte er mit:

> *„Ich habe gelernt, mir genügen zu lassen, wie ich's finde. Ich kann niedrig sein, ich kann hoch sein; mir ist alles und jedes vertraut. Ich kann beides: satt sein und hungern, beides: übrig haben und*

Mangel leiden. Ich vermag alles durch den, der mich mächtig macht, Christus" (Philipper 4,11-13).

Weil Christus an erster Stelle stand, konnte er das alles erleiden – und noch viel mehr:

> *„Als die Unbekannten, und doch bekannt; als die Sterbenden, und siehe, wir leben; als die Gezüchtigten, und doch nicht getötet; als die Traurigen, aber allezeit fröhlich; als die Armen, aber die doch viele reich machen, als die nichts haben und doch alles haben"* (2. Korinther 6,9-10).

Vieles stimmte ihn traurig, in Christus war er dennoch fröhlich. Seine Taschen waren leer, und er wusste oft nicht, was er essen sollte. Er war davon abhängig, dass ihm irgendjemand ein Stück Brot gab, und dennoch hatte dieser Mann alles, nämlich das ewige Leben, das er reichlich austeilen konnte. Durch seine Botschaft konnte jeder unvorstellbar reich werden.

Das Letztere trifft auch auf heutige Christen zu. Wie Paulus haben sie einen großen Schatz. Sie sind so reich, dass sie anderen das Wort des ewigen Lebens weitergeben und diese damit unvorstellbar reich machen können.

9. Neunter Superlativ: Ein Lebenskonzept, das vollständig auf Rettung ausgerichtet ist

Jeder Mensch entwickelt für sich sein spezielles Lebenskonzept. So können wir von einem Lebensprogramm sprechen, nach dem unser Leben abläuft. Paulus hatte sein Leben einzig darauf programmiert, andere Menschen zu retten:

> *„Obwohl ich frei bin von jedermann, habe ich doch mich selbst zum Knecht für jedermann gemacht, damit ich möglichst viele gewinne"* (1. Korinther 9,19).

Möglichst viele Menschen für Christus zu gewinnen, das war die Lebensstrategie von Paulus. Nichts anderes hatte bei ihm Priorität.

Christen können gerade an dieser Stelle von Paulus lernen. Inwieweit ist unser Lebenskonzept missionarisch orientiert? Ist es uns auch ein Anliegen, möglichst viele zu gewinnen? Was könnte erreicht werden, wenn wir hier genau so intensiv denken und planen, wie wir es bei unseren alltäglichen Dingen und Unternehmungen auch tun.

10. Zehnter Superlativ: Seine Stellung zum Tod

Die ägyptischen Pharaonen bauten sich riesige Pyramiden für den Tod. Die Mycenierkönige auf der griechischen Halbinsel Peloponnes hatten reiche Grabbeigaben in Gold. Die Griechen ließen auf ihren Gräbern kunstvolle Skulpturen und Büsten in Marmor und Bronze anbringen. Das alles brauchte Paulus nicht für sein Sterben. Er brauchte keine Goldmasken, kein Denkmal, kein Mausoleum, auch keinen riesigen

Blumenteppich wie beim Tod der britischen Prinzessin *Diana*, wo man im Wert von 150 Millionen DM Blumen auf die Straße legte. Alles, was Paulus zum Sterben brauchte, war eine Person, ein Name: JESUS. In diesem Namen lebte er und starb er:

> *„Leben wir, so leben wir dem Herrn; sterben wir, so sterben wir dem Herrn. Darum: wir leben oder sterben, so sind wir des Herrn"* (Römer 14,8).

Sein Ziel brachte Paulus auf diesen Punkt:

> *„Ich habe Lust, abzuscheiden und bei Christus zu sein. Denn Christus ist mein Leben, und Sterben ist mein Gewinn"* (Philipper 1,23+21).

Jetzt, nachdem er so viel unterwegs gewesen war, viel gearbeitet und viele Menschen für das Reich Gottes gewonnen hatte, aber auch manches erduldet und erlitten hatte, packt ihn die Sehnsucht: *„Ich habe Lust, ... bei Christus zu sein"*, also Jesus Christus erneut zu sehen. Vor Damaskus hatte er die Stimme seinen Herrn ja erstmals gehört (Apostelgeschichte 9,3-4), aber jetzt wollte er ihn endgültig sehen und immer bei ihm sein: *„Denn Christus ist mein Leben, und Sterben ist mein Gewinn."* Im Sterben wurde Paulus eine ganze Ewigkeit zuteil.

An Timotheus schrieb er aus dem Gefängnis:

> *„Ich habe den guten Kampf gekämpft ... jetzt ist mir die Krone der Gerechtigkeit gegeben"* (2. Timotheus 4,7-8).

Für ihn hatte sich der Kampf gelohnt. Diese Krone allerdings erhielt nicht nur Paulus, sondern alle erhalten sie, die an den Herrn Jesus Christus glauben. Darum möchte ich uns ermutigen, unser Leben an Jesus festzumachen, sich auf ihn hin wie ein Kompass „einzuorden" und ihm zu folgen. Damit haben wir das Größte gewonnen, was es in dieser Welt zu gewinnen gibt. Wenn dann die Sterbestunde kommt, kann sich der Einzelne mit derselben Gewissheit wie Paulus in die Hände von Jesus Christus begeben und ewig bei ihm sein. Jetzt aber halten wir fest:

> *„Denn ich bin gewiss, dass weder Tod noch Leben noch Fürstentümer noch Gewalten, weder Gegenwärtiges noch Zukünftiges, weder Hohes noch Tiefes noch keine andere Kreatur kann uns scheiden von der Liebe Gottes, die in Christus ist, unserm Herrn"* (Römer 8,38-39).

Eindrucksvoll hebt ein Lied von *Renate Wagner* den Namen von Jesus Christus hervor:

> *Seht, man musste sie begraben,*
> *die der Welt Gebote gaben,*
> *und ihr Wort hat nicht Bestand.*
> *Ihre Häuser wurden Trümmer,*
> *ihre Münzen gelten nimmer,*
> *die man in der Erde fand.*
>
> *Ihre Namen sind verklungen,*
> *ihre Lieder ungesungen,*
> *ihre Reiche menschenleer.*
> *Ihre Siegel sind zerbrochen,*

ihre Sprachen ungesprochen,
ihr Gesetz gilt längst nicht mehr.

Jesu Name wird bestehen,
Jesu Reich nie untergehen,
sein Gebot gilt allezeit.
Jesu Wort muss alles weichen,
und ihn kann kein Tod erreichen.
Jesus herrscht in Ewigkeit.

Teil III:

Lasset eure Lenden umgürtet sein

Lukas 12,35-48:

³⁵ *Lasst eure Lenden umgürtet sein und eure Lichter brennen*

³⁶ *und seid gleich den Menschen, die auf ihren Herrn warten, wann er aufbrechen wird von der Hochzeit, damit, wenn er kommt und anklopft, sie ihm sogleich auftun.*

³⁷ *Selig sind die Knechte, die der Herr, wenn er kommt, wachend findet. Wahrlich, ich sage euch: **Er wird sich schürzen und wird sie zu Tische bitten und kommen und ihnen dienen.***

³⁸ *Und wenn er kommt in der zweiten oder in der dritten Nachtwache und findet's so: selig sind sie.*

³⁹ *Das sollt ihr aber wissen: Wenn ein Hausherr wüsste, zu welcher Stunde der Dieb kommt, so ließe er nicht in sein Haus einbrechen.*

⁴⁰ *Seid auch ihr bereit! Denn der Menschensohn kommt zu einer Stunde, da ihr's nicht meint.*

⁴¹ *Petrus aber sprach: Herr, sagst du dies Gleichnis zu uns oder auch zu allen?*

⁴² *Der Herr aber sprach: Wer ist denn der treue und kluge Verwalter, den der Herr über seine Leute setzt, damit er ihnen zur rechten Zeit gibt, was ihnen zusteht?*

⁴³ *Selig ist der Knecht, den sein Herr, wenn er kommt, das tun sieht.*

⁴⁴ *Wahrlich, ich sage euch: Er wird ihn über alle seine Güter setzen.*

⁴⁵ *Wenn aber jener Knecht in seinem Herzen sagt: Mein Herr kommt noch lange nicht, und fängt an, die Knechte und Mägde zu schlagen, auch zu essen und zu trinken und sich vollzusaufen:*

⁴⁶ *dann wird der Herr dieses Knechtes kommen an einem Tage, an dem er's nicht erwartet, und zu einer Stunde, die er nicht kennt, und wird ihn in Stücke hauen lassen und wird ihm sein Teil geben bei den Ungläubigen.*

⁴⁷ *Der Knecht aber, der den Willen seines Herrn kennt, hat aber nichts vorbereitet noch nach seinem Willen getan, der wird viel Schläge erleiden müssen.*

⁴⁸ *Wer ihn aber nicht kennt und getan hat, was Schläge verdient, wird wenig Schläge erleiden. Denn wem viel gegeben ist, bei dem wird man viel suchen; und wem viel anvertraut ist, von dem wird man umso mehr fordern.*

1. Wohin fährt unser Lebenszug?

Die Frage, mit der wir uns im Folgenden befassen werden, trieb auch den bekannten deutschen Nachkriegsdichter *Wolfgang Borchert* (1921-1947) um. In einer Kurzgeschichte hat er sie einmal so gestellt:

Ich fahre mit der Straßenbahn,
der guten gelben Straßenbahn.
Wo fahren wir hin? frage ich die anderen.
Zum Fußballplatz? Zur Matthäuspassion?

Wo fahren wir hin? frage ich die anderen.
Da sagt keiner ein Wort.
Wo fahren wir denn hin? frage ich den Schaffner.
Da gibt er mir ein hoffnungsvolles Billet.
Bezahlen müssen wir alle, sagt er, und hält seine
Hand auf.
Aber wohin fahren wir denn? frag ich die anderen.
Wir müssen doch wissen: wohin?
Da sagt Timm: Das wissen wir auch nicht.
Aber wir fahren.
Tingeltangel macht die Klingel der Straßenbahn.
Und keiner weiß: wohin?
Und alle fahren: mit.
Und keiner weiß – und keiner weiß – und keiner
weiß –.

Viele unserer Zeitgenossen leben nach diesem Muster: „Ich fahre durch dieses Leben, aber ich weiß nicht – wohin?"

Der amerikanische Schriftsteller *Ernest Hemingway* (1898-1961) fasste dieses ziellose Lebensmotto „Keiner-Weiß-Wohin" in die Worte: *„Mein Weg führt nach nirgendwo, immer wieder nach nirgendwo ..."*

Wegen seiner schriftstellerischen Erfolge erhielt er 1954 den Nobelpreis für Literatur. 1961 nahm er sich das Leben.

Der kommunistische Dichter *Bert Brecht* (1898-1956) folgerte aus all seinen Denksystemen: *„Nachdem alle Illusionen verbraucht sind, bleibt nur noch das Nichts."*

Nach der buddhistischen Religion glauben deren Anhänger, irgendwann einmal in das Nirwana einzugehen, und Nirwana heißt wörtlich „Erlöschen". Die Zielvorstellung ist das vollständige Erlöschen der Existenz. Aus einer unabsehbar langen Kette ständiger Reinkarnationen, d. h. den Wiedergeburten in noch unbekannten anderen irdischen Lebewesen, wird man dann endlich befreit.

Der Heidedichter *Hermann Löns* (1866-1914) hatte sich auf seine Weise die Wohin-Frage beantwortet. Er schrieb das Gedicht *„Das ferne Land"*, und darin heißt es:

Ich weiß ein Land, in dem ich niemals war;
da fließt ein Wasser, das ist silberklar,
da blühen Blumen, deren Duft ist rein,
und ihre Farben sind so zart und fein.

Auch singt der Vogel in dem fernen Land,
er singt ein Lied, das ist mir unbekannt;
Ich hört' es nie und weiß doch wie es klingt,
und weiß es auch, was mir der Vogel singt:

Das Leben singt er, und er singt den Tod,
die höchste Wonne und die tiefste Not.
Ich kenn' das Land und weiß nicht, wo es liegt,
und weiß es nicht, wohin der Vogel fliegt.

Erreiche ich das ferne fremde Land,
dann blüht das Lebensmahl in meiner Hand.
Wenn nicht, dann sang der Vogel nur von Tod,
sang mir ein Leben, bitter und voll Not.

Wohin fahren wir? Das ist auch unsere Frage!

- Ist das eine Fahrt ins Ungewisse?
- Wissen auch wir nicht von der Fahrt unseres Lebens, wohin sie geht?
- Geht unser Weg auch nach nirgendwo?
- Gehen wir in ein ungewisses Nirwana?
- Gehen wir auch auf ein Land zu, wo der Vogel nur von Tod sang?
- Hat der Tunnel unseres Lebens einen Ausgang?
- Leben wir auch mit einem ungewissen Ziel, wie das so viele Menschen von sich bezeugen?

NEIN und nochmals NEIN!

Unser Gotteswort aus dem Lukasevangelium gibt uns eine eindeutige Antwort auf die Frage nach dem „Wohin?".

Jesus lässt die Seinen keineswegs im Ungewissen. Wir leben in der Erwartung unseres kommenden Herrn.

Unser Leben hat das höchste Ziel und die allerhöchste Erwartung! Der Herr bricht von der Hochzeit auf und erwartet uns. Das ist die Botschaft: Wir werden erwartet!

2. Wir werden erwartet!

Was für eine gute Aussicht! Wie schlimm ist doch das Umgekehrte: Wenn es heißt: *„unerwünscht!"*

- In Deutschland gab es eine Zeit, da war jeder unerwünscht, der nicht seine arische Abstammung nachweisen konnte. Wie viel Elend hat die Rassenverfolgung gebracht!

- Zu der Zeit waren auch solche Menschen unerwünscht, die eine andere Meinung hatten als die staatlich verordnete: Intellektuelle, Künstler. Wissenschaftler verließen das Land und gingen in die Emigration. Sie waren *unerwünscht*.

- In zahlreichen Ehen sind Kinder unerwünscht. Das führt zu Abtreibung und Kindesmisshandlung. In unserem Land, das immer noch zu den wohlhabendsten der Welt gehört, wird durch Abtreibung aus „sozialen" Gründen jährlich eine Stadt von der Bevölkerung Ulms ausgetilgt. Der einzige Grund: *unerwünscht!*

- In kommunistischen Ländern saßen viele Christen in Gefängnissen, nur aus dem einen Grund: *unerwünscht!*

Aber wie schön ist es, wenn wir erwartet sind; wenn wir erwünscht sind; wenn wir herzlich eingeladen sind.

Es erfüllt uns mit Freude, wenn der Gastgeber beim Empfang sagt: „Ich freue mich so, dass Du gekommen bist!"

Und wenn wir dann noch sehen, das sind nicht nur leere Worte, wenn uns die beste und aufwendigste

Torte vorgesetzt wird. Ja, dann ist es nicht mehr zu übersehen: Wir sind wirklich herzlich WILLKOMMEN!

Hast du das schon einmal gedacht, dass der Herr Jesus dich und mich auch so ganz persönlich erwartet? Er wartet darauf, dass wir kommen. Wer ist denn der, der so sehnlichst auf uns wartet?

Es ist der Menschensohn, der Weltenrichter, ja es ist der Schöpfer des ganzen Universums und allen Lebens. Er wartet auf jeden Einzelnen von uns. Liebe Leserin und lieber Leser, jeder ist ihm äußerst wertvoll und sehr willkommen.

Und dann kommt gleich die nächste Überraschung. Der, der uns erwartet – der kommt in der Herrlichkeit Gottes. Er trägt sichtbar das Zeichen des Gekreuzigten. Er ist kein anderer als der, der in dieses Leben, in diese Welt gekommen ist, um uns zu erlösen.

Er ist nicht jemand, den wir nicht wiedererkennen. Nein! Auch in der Herrlichkeit Gottes begegnet er uns als der Dienende. Ist das nicht eine große Überraschung, dass Jesus uns drüben beim Vater als der Dienende empfängt? Unser Text sagt im 37. Vers:

> *„Er wird sich schürzen und wird sie zu Tisch bitten und kommen und ihnen dienen."*

Das heißt doch: Der Herr Jesus wird dich und mich herzlich an seinen Tisch bitten und zu dir und zu mir ganz persönlich kommen und uns dienen. In einer anderen Übersetzung (Jörg Zink) wird es noch deutlicher gesagt:

> *„Ich werde das Gewand des Dienens umschürzen, und ihr werdet an meinem Tisch das Fest feiern, ich aber werde hintreten und euch aufwarten."*

Ist das noch für uns vorstellbar? Der Herr aller Herren und der König aller Könige wird sich gürten und will uns dienen. Der Herr, dem alle Welt zu Füßen liegen wird, wird sich mit einem Schurz umgürten – so wie damals vor dem letzten Mahl mit seinen Jüngern (Johannes 13).

Er trägt nicht die Insignien eines Herrschers, sondern die Dienstkleidung – das Umgürtetsein. Wir müssen uns fragen, ob wir in dieser Welt auch das Zeichen unseres Herrn tragen:

> *„Lasset eure Lenden umgürtet sein"*, heißt es in Vers 35.

Jesus will uns beim Dienst antreffen, wenn er wiederkommt. Die Dienstaufgabe hat er uns in dieser Welt übergeben – ja es ist der Dienst in einer verlorenen Welt. Jesus sagte einmal zu seinen Jüngern: *„Gebt ihr ihnen zu essen!"* (Markus 6,37). Und damit meinte Jesus nicht nur das Brot für den Magen, sondern auch die Weitergabe der geistlichen Speise, damit der Andere, der Gott noch nicht kennt, von uns darüber erfährt.

3. Bei Jesus angekommen

Wenn wir bei Jesus angekommen sind, dann wird er uns nicht an die Arbeit schicken und sagen – nun dient weiter! Nein! Er wird sagen:

> *„Kommt her ihr Gesegneten meines Vaters, ererbet das Reich, das euch bereitet ist von Anbeginn der Welt!"* (Matthäus 25,34).

Oder anders ausgedrückt: „Kommt her, ihr Geladenen meines Vaters, kommt her und setzt euch an meinen Tisch. Lasst uns freuen und fröhlich sein!"

Was wird das für ein Fest sein, wenn wir, die Knechte dieses Herrn, an seinem Tisch sitzen werden. Es löst eine riesige Freude bei mir aus, wenn das das Ziel unseres Lebens ist, wenn das die Erwartung seiner Gemeinde ist, bei dem Fest der Knechte dort am Tisch zu sitzen. Höhere Ehre können wir nirgendwo bekommen. Nirgendwo!

Stellen wir uns einmal vor, jemand würde uns eine persönliche Einladung unseres Bundespräsidenten überreichen, in der wir zu einem Fest geladen sind, und er lädt uns an seinen Tisch und will uns sogar noch bedienen. Ich denke, das wäre eine ganz außergewöhnliche große Ehre für uns. Wenn das alles schon große Ehre sein soll – wie viel mehr, wenn wir ganz persönlich von Jesus eingeladen sind. Nicht für eine Stunde und 40 Minuten! Nein! Für immer und ewig! Er schickt uns nie wieder weg.

Jesus schenkt sich uns ganz in seinem Dienst. Er tut eigentlich nichts anderes als er zeitlebens an uns getan hat. Er dient uns bis zum Ende, bis zur Vollendung, und immer wieder will er es in unserem Leben schon tun, aber dann wird er es in sichtbarer und herrlicher Weise tun. Ich kann es nicht besser ausdrücken als mit dem Liedvers:

Kommt und singt und jubelt laut vor Freude,
Gott der Herr lässt uns ein Fest bereiten.
Kommt herbei, auch ihr seid eingeladen,
kommt und lasst uns fröhlich sein.

Niemals wird das Feiern zu Ende sein, denn dann sind wir ganz bei ihm daheim. Wir haben die Heimat erreicht. Das ist Leben in der Erwartung des Herrn. Wir sind sehr erwartete Leute.

Stellen wir uns ganz persönlich einmal die Frage: Leben wir so? Hat unser Leben diese Blickrichtung? Schöpfen wir aus dieser Gewissheit des Herrn in unserem Alltag?

In dieser Welt sind wir manchmal bedrückt und niedergeschlagen. Das Einzige, das sich in solchen Situationen als tragfähig erweist, ist der Herr selber. Lasst uns allzeit daran festhalten: Wir sind Geladene, wir sind Erwartete, wir sind Wunschkinder, wir sind Geliebte.

4. Wie möchte uns der Herr antreffen?

Eine weitere Frage: Wie möchte Jesus uns vorfinden, wenn er wiederkommt? Der Text gibt uns auch hier eine klare Antwort:

„Lasset eure Lenden umgürtet sein!"

Seid stets reisefertig und nicht mit irdischem Ballast beschwert. Eigentlich gehört der Vers 34 noch zu unserem Text:

„Denn wo euer Schatz ist, da wird auch euer Herz sein."

Woran hängt unser Herz? Ist es das Reich Gottes oder sind es die vielen Angebote dieser Welt, die uns verlocken und unsere Zeit verbrauchen? Lesen wir die Bibel oder holen wir unsere Lebensweisheiten aus schillernden Illustrierten, die uns doch keinen Halt geben können?

Lasset eure Lenden umgürtet sein! Umgürtet sein – da schwingt auch das Bereitsein mit, ja sogar Kampfbereitschaft. Abrüstung ist heute ein gängiges Wort der Politiker. Wir Christen sind auch für Abrüstung, aber nicht im geistlichen Bereich. Ganz im Gegenteil! Da rüsten wir auf – wir sollen unsere Lenden umgürten. Das Wort aus dem Epheserbrief ermahnt uns eindringlich dazu:

„Ergreift die Waffenrüstung Gottes, umgürtet eure Lenden mit Wahrheit, angetan mit dem Panzer der

Gerechtigkeit, ergreifet den Schild des Glaubens, nehmet den Helm des Heils" (Epheser 6,13-17).

Bis hierhin ist das alles nur Verteidigung. Wir sehen auch den Wert der Verteidigung. Wenn eine Stelle ungeschützt ist, dann sind wir dort verletzbar. Die Pfeile des Bösen können uns treffen. Aber wir sollen uns nicht nur auf Verteidigung einstellen – uns ist auch eine Waffe in die Hand gegeben – das Schwert des Geistes, welches ist das Wort Gottes.

Hier erkennen wir die große Bedeutung des Wortes Gottes. Wenn wir das Wort Gottes nicht mehr regelmäßig lesen, wenn es uns nicht zur täglichen Übung, zur täglichen Speise wird, dann sind wir verlorene Leute. Dann hat der Feind ein Leichtes mit uns. Dann sind wir nicht so, wie der Herr uns bei seinem Kommen antreffen will.

Ich möchte von zwei Begebenheiten berichten, wie Menschen mit dem Wort Gottes umgegangen sind:

1. Die Suche nach Bibeln: Ein Evangelist suchte Bibeln für eine Missionsarbeit in Frankreich. Er gab Inserate in Zeitungen der Schweiz auf. Lange hörte er nichts. Doch dann kam eine Nachricht von einem Gastwirt. Jawohl! Aus einem Wirtshaus, nicht etwa aus einem Pfarrhaus! Der Gastwirt schrieb:

"Ich habe einen Berg von Bibeln, kommen Sie vorbei und holen Sie diese ab."

Der Evangelist war sehr erstaunt über diese Nachricht, ging hin und ließ sich den Sachverhalt erklären.

Der Gastwirt zeigte dem Evangelisten die Kirche in der Nähe des Gasthauses und sagte:[5]

> „Die Paare, die sich dort trauen lassen, erhalten vom Herrn Pastor eine Hochzeitsbibel. Nach der Trauung kommt die ganze Hochzeitsgesellschaft hier her zum Mittagessen. Sie essen gut und trinken noch mehr. Und wenn sie fortgehen, nehmen sie das erste Blatt mit dem Namen aus ihrer Bibel heraus, tun es in ihre Tasche, und die Bibel lassen sie hier."

So geschehen in der Schweiz, mitten im christlichen Abendland!

2. Eine Bibel verändert ein ganzes Dorf:[6] Es war Anfang 1945, als der Kriegsberichterstatter *Clarence W. Hall* in dem etwa 1000 Seelen zählenden Dorf Schimabuku auf der Insel Okinawa/Japan eine erstaunliche Entdeckung machte. Als ein amerikanischer Spähtrupp bis zum Dorfeingang vorstieß, blieben die Soldaten plötzlich wie angewurzelt stehen. Der Weg wurde ihnen von zwei Männern versperrt, die sich tief verbeugten und dann zu reden begannen. Der kampferprobte Unteroffizier – feindlicher Tricks immer ge-

---

[5] *Friedhelm König*: Du bist gemeint – Denkanstöße in Kurzgeschichten. Christliche Schriftenverbreitung Hückeswagen, 20. Auflage 2000, S. 156.
[6] *Friedhelm König*: Du bist gemeint – Denkanstöße in Kurzgeschichten. Christliche Schriftenverbreitung Hückeswagen, 20. Auflage 2000, S. 152-154.

wärtig – war skeptisch und winkte einen Dolmetscher heran. Der Dolmetscher schüttelte den Kopf:

> „Das verstehe ich auch nicht. Es scheint, wir werden hier willkommen geheißen – als christliche Brüder. Der eine sagt, er sei der *Bürgermeister* und der andere sei der *Schulmeister.*"

Der Unteroffizier war so ziemlich ratlos. Sie ließen sich ins Dorf führen, aber dort erlebten sie eine große Überraschung. Sie hatten so manches Dorf auf Okinawa gesehen, die alle einen verwahrlosten und trostlosen Eindruck machten. Schimabuku funkelte dagegen geradezu wie ein Edelstein. Was war geschehen? Man erzählte den Soldaten, sie sind bisher nur einem einzigen Amerikaner begegnet. Es war vor langer Zeit, als ein Missionar hier durchzog. Durch sein frohes Zeugnis bekehrten sich zwei Männer – eben diese beiden. Bevor er weiterzog, hatte er ihnen noch einige geistliche Lieder beigebracht und eine japanische Bibel dagelassen und sie ermahnt, nach diesem Buch zu leben. Seither waren sie nicht mehr mit auswärtigen Christen in Berührung gekommen. Aber mit der Bibel in der Hand brachten sie es fertig, ein wahrhaft christliches Zusammenleben zu schaffen. Wie war das möglich? Die beiden Bekehrten lasen unermüdlich im Wort Gottes, fanden darin Jesus Christus als ihren Herrn und machten die Bergpredigt zur Richtschnur des Verhaltens der Gemeinschaft. Immer mehr Leute kamen zu klaren Bekehrungen. In der Schule wurde die Bibel zum Hauptlesestoff. Der Erfolg war offensichtlich: In Schimabuku gibt es kein Gefängnis, keine Vergnügungsstätte, keine Trunkenheit, keine Ehescheidung.

Die Soldaten besuchten den einfachen Gottesdienst. Am Ende sagte einer: „Das hat die Bibel fertiggebracht und zwei Menschen, die an Jesus glauben. Vielleicht gebrauchen wir doch die falschen Waffen."

„Lasset eure Lenden umgürtet sein." Hier sehen wir ein Beispiel für das Umgürtetsein. Wie sollen wir unserem Herrn begegnen? So lautete unsere Frage. Der Vers 37 gibt uns eine weitere Antwort:

> *„Selig sind die Knechte, die der Herr, wenn er kommt, wachend findet!"*

5. Seid wachsam

Seid wachsam – Jesus will keine schlafenden Leute: Ist der körperliche Schlaf eine Gnade und Gabe Gottes, so ist der geistliche Schlaf tödliche Gefahr. Im Mittelalter gab es in manchen Kirchen einen so genannten Wecker, der den Auftrag hatte, schlafende Kirchenbesucher mit einem Stab zu wecken. Pastor *Heinrich Kemner*[7] (1903-1993) sagte einmal:

> „Nichts ist langweiliger als Gottes Wort, wenn man es mit verschlossenem Herzen hört."

---

[7] *Heinrich Kemner* (1903-1993) ist der Gründer des „Geistlichen Rüstzentrums Krelingen". Zu dem Zentrum gehören Gästehäuser, Therapieplätze für Drogenabhängige, Sprachschule und theologisches Vorstudium für angehende Theologiestudenten, Seniorenwohnanlage und nicht zuletzt die riesige Glaubenshalle. Das Wort Gottes wird regelmäßig verkündet auf Freizeiten, Tagungen und in der dazugehörigen Kirche.

Der geistliche Schlafzustand ist der eigentliche Notstand und eine Gefahr, an der sich Himmel und Hölle entscheiden können. Von den 10 Jungfrauen verschliefen 5 die Minute der Gnade. Sie waren einmal aufgebrochen und sicherlich erweckt. Aber dann kam der Schlaf als Narkose des Feindes, und sie verpassten die Stunde Gottes.

Unsere Zeit ist vergleichbar mit einem Reisenden, der auf seinen Abflug wartet: Es spielt letztlich keine Rolle, ob wir vor dem Abflugschalter oder in der Lounge (= exklusiver Aufenthaltsraum für Reisende) warten. Das wichtigste ist die Uhr, damit wir den Flieger nicht verpassen. Wir schauen zur Uhr, damit es kein „Zuspät" gibt.

Schauen wir auf Jesus, damit es für unser ewiges Ziel kein Zuspät gibt. In Jesus hat uns die Stunde Gottes geschlagen. Darum mahnt der Hebräerbrief (3,15):

> „Heute, wenn ihr seine Stimme hören werdet, so verstockt eure Herzen nicht."

Es war wiederum *Heinrich Kemner*:

> „Man kann die Kirchenbänke durchscheuern und hat Gottes Wort nie gehört."

Viele Gemeinden haben heute gut gepolsterte Stühle im Gottesdienstraum. In Abwandlung dieses Wortes können wir „die Stoffpolster abwetzen" und haben doch eine ganze Ewigkeit verschlafen. Darum wollen wir wache Leute sein, die den Anruf in Christus echt hören. Der Weckruf Gottes bedeutet Ruf ins Leben; er ist eine Einladung zu Jesus hin.

Fassen wir zusammen:

Wir sind geladene und von Jesus erwartete Leute. Darum: Lasset unsere Lenden umgürtet sein, lasset uns bereit sein für das Kommen des Herrn, lasset uns wachsam sein, lasset uns die Dienstkleidung des Herrn tragen.

Denn Jesus sagt in Lukas 12,37:

> *„Selig sind die Knechte, die der Herr, wenn er kommt, wachend findet."*

Teil IV:

Wahn oder Wirklichkeit?
Die Auferstehung Jesu Christi[8]

Einleitung

Für Kunstliebhaber ist es eine Freude, wenn eine neue Galerie eröffnet wird. So erging es auch einem Schachmeister, der interessiert die Gemälde betrachtete. Von einem Werk war er besonders fasziniert. Aber irgendetwas störte ihn daran – es stimmte etwas nicht. Das Bild zeigte einen jungen Mann, der mit dem Teufel Schach spielte. Entzücken lag auf dem Gesicht des Feindes und Panik auf dem des jungen Mannes. Das Gemälde trug den Titel „Schachmatt".

Der Schachmeister suchte den Kurator der Galerie auf und bat ihn, das Bild abzunehmen. Als dieser ablehnte, verabredete er sich mit dem Künstler, und sie trafen sich in der Galerie.

Der Schachmeister brachte ein Schachbrett und Schachfiguren mit. Er stellte die Partie genauso auf, wie der Künstler sie auf dem Gemälde dargestellt

---

[8] Diesen Text gibt es in gekürzter Form auch als farbig gestaltete Verteilschrift bei: *Bruderhand-Medien*, Am Hofe 2, D-29342 Wienhausen.

hatte, und fragte: „Erkennen Sie den Fehler?" Als der Künstler verneinte, meinte der Schachmeister:

> *„Sie haben ihrem Bild den Titel ‚Schachmatt' gegeben, aber das setzt voraus, dass der junge Mann keinen Zug mehr machen kann."*

Der Meister zog den König des jungen Mannes auf ein anderes Feld und sagte:

> *„Jetzt ist der Teufel schachmatt."*

Dann schaute er den jungen Mann auf dem Bild an und sagte zu ihm:

> *„Junger Mann, dein Feind ist einer verhängnisvollen Fehleinschätzung unterlegen. Du musst nicht verlieren. Du gewinnst."*

Ist diese geschilderte Situation nicht ein gutes Gleichnis für unsern Herrn Jesus? Als er am Kreuz starb, schien es so, als sei Jesus durch seinen Tod jetzt schachmatt gesetzt.

Aber Jesus hatte noch einen Zug: **Er ist am dritten Tag auferstanden!** Damit hat Jesus den Teufel endgültig schachmatt gesetzt. Seit der Auferstehung Jesu gilt:

> *„Der Tod ist verschlungen in den Sieg. Tod, wo ist dein Stachel? Hölle, wo ist dein Sieg? ... Gott aber sei Dank, der uns den Sieg gibt durch unsern Herrn Jesus Christus!"* (1. Korinther 15,54b-55, 57).

Teil A: Die Suche nach dem Größten

1. Was war das bisher größte Ereignis der Weltgeschichte?

War es die Erfindung des Computers durch *Konrad Zuse* (1910-1995), war es die Entdeckung Amerikas 1492 durch *Christoph Columbus* (1451-1506), oder war es die erstmalige Landung eines Menschen auf dem Mond am 21. Juli 1969 durch *Neil Armstrong* (1930-2012), was man als größtes Ereignis der Weltgeschichte bezeichnen kann? Er setzte als erster Erdbewohner seinen Fuß auf die Mondoberfläche und sagte die markigen Worte: *„Ein kleiner Schritt für den Menschen, aber ein großer Schritt für die Menschheit."*

Alle diese Ereignisse waren zwar bedeutungsvoll, aber sie ragen nicht an jenes heran, über das wir nun besonders nachdenken wollen. Es ist **die Auferstehung Jesu Christi von den Toten!** Dieses Ereignis ist von Relevanz für jeden Menschen auf dieser Erde. In Anlehnung an den Ausspruch von *Neil Armstrong* können wir formulieren: *Die Auferstehung war der allergrößte Schritt, der jemals für die Menschheit getan wurde*, aber es ist auch der, der am meisten angezweifelt wird.

Teil B: Einwände ohne Ende

2. Kritische Einwände zur Auferstehung

Wir leben in einer Welt, in der alles infrage gestellt wird. Das darf uns nicht wundern, denn die Wahrheit steht nicht hoch im Kurs. Der Lüge folgen die Menschen viel leichter.

William Penn (1644-1718) war der Gründer der Kolonie Pennsylvania in USA. Er machte folgende wichtige Feststellung:

> *Lüge bleibt Lüge,*
> *auch wenn jeder dafür ist.*
> *Wahrheit bleibt Wahrheit,*
> *auch wenn alle dagegen sind.*

Warum sonst haben verführerische Politiker es so leicht, alle nur denkbaren Ideologien dem Volk zu präsentieren, und der größte Teil des Volkes akzeptiert das lügenhafte System. Die jüngere Geschichte belegt das mehrfach. Denken wir nur an:

- Hitler, Nationalsozialismus
- Stalin, Kommunismus (Stalinismus)
- Mao, Kommunismus (Maoismus)
- Kim Jong-un, kommunistischer Diktator von Nordkorea.

Im Laufe der Geschichte haben sich immer wieder Menschen gegen den Glauben an eine Auferstehung der Toten ausgesprochen. Das war zurzeit Jesu nicht anders.

Acht kritische Stimmen seien hier beispielhaft genannt.

1. Die Sadduzäer: Zu Jesus kam eine Gruppe frommer Männer, die die Auferstehung der Toten verneinten. Sie forderten ihn mit einer Fangfrage heraus (Matthäus 22,23-33): Wenn sieben Brüder nacheinander ein und dieselbe Frau heiraten und sie schließlich selbst stirbt, wessen Frau wird sie in der Auferstehung sein? Jesus entkräftete ihren Einwand mit der Aussage, dass jenseits der Todeslinie der Ehestand nicht mehr besteht und fügte eine Denksportaufgabe hinzu, indem er 2. Mose 3,6 zitierte: *„Ich bin der Gott Abrahams und der Gott Isaaks und der Gott Jakobs"*. Da aber Abraham, Isaak und Jakob gestorben waren, müssen sie konsequenterweise aus dem Tode auferstehen, weil *„Gott nicht ein Gott der Toten, sondern der Lebenden ist"* (Matthäus 22,32b).

2. Rudolf Bultmann: Der Marburger Theologie-Professor *Rudolf Bultmann* (1884-1976) sagte: „Eine Leiche kann nicht auferstehen!" Er lebte in unserer dreidimensionalen Welt und erklärte kurzerhand unsere physikalischen Gesetze als letzte Grenze der Wirklichkeit. Und das ist zu kurz gedacht. Er bedachte nicht, dass Gott diesen von ihm geschaffenen Gesetzen nicht unterworfen ist. Er kann sie durchbrechen, wann und wo er es will. *„Bei Gott ist kein Ding unmöglich!"* (Lukas 1,37).

3. Martin Heidegger: Der bekannte deutsche Philosoph *Martin Heidegger* (1889-1976) argumentierte bezüglich der Auferstehung nicht vom Glauben, und dennoch traf er eine wichtige Feststellung: *„Ist Jesus von Nazareth von den Toten auferstanden, dann ist alle naturwissenschaftliche Erkenntnis nur vorläufig."* Er folgerte konsequent: Wenn das wirklich stimmt, dass Jesus von Nazareth von den Toten auferstanden ist, dann haben wir uns mit unserem naturwissenschaftlichen Denken eine nicht begründbare Grenze auferlegt.

4. Rudolf Augstein: *Rudolf Augstein* (1923-2003), dem Herausgeber des größten deutschsprachigen Nachrichtenmagazins „Der Spiegel" wurde kurz vor seinem Tode die Frage gestellt: „Glauben Sie an Gott?" Darauf antwortete er: „Nein … Ich glaube nicht an die Auferstehung irgendeines Toten, und dann muss ich mich damit auch gar nicht weiter beschäftigen. Wenn ich weg bin, dann bin ich weg!" Welch ein fataler Irrtum!

5. Pfarrer im Predigtnotstand: Es war kurz vor Ostern, als ich mit einem Pfarrer ins Gespräch kam. Er erklärte mir, wenn es auf Ostern zugeht, komme er in einen „Predigtnotstand" – so nannte er das. Als Pfarrer glaubte er nicht an die Auferstehung Jesu. Ist es nicht zutiefst traurig, wenn ein Pfarrer, der seiner Gemeinde zum festen Glauben an die Auferstehung verhelfen sollte, genau das Gegenteil tut?

6. Marcel Reich-Ranicki (1920-2013) starb am 18.09.2013 mit 93 Jahren. In einem Zeitungskommentar nannte man ihn „den mächtigsten und einflussreichsten Literaturkritiker aller Zeiten". Seine Kritiken waren legendär, seine Verrisse gefürchtet. Mit dem Tod von *Marcel Reich-Ranicki* verliert die deutsche Literaturlandschaft ihren brillantesten Akteur. Jedes Gespräch mit ihm war eine Besonderheit, meint FOCUS-Redakteur *Uwe Wittstock*. Er (W) traf Deutschlands bedeutendsten Literaturkritiker (R-R) ein halbes Jahr vor seinem Tod zu einem denkwürdigen Gespräch, zu einem letzten großen Interview[9]. Es ging um die Frage des Todes, und darum geben wir hier einen längeren Ausschnitt wieder.

W: „Ist Ihnen der Gedanke an den Tod seit dem Tod Ihrer Frau näher gekommen?"

R-R: „Wenn man wie ich über 90 Jahre alt ist, steht einem der Tod immerzu vor Augen. Noch näher kann er nicht kommen."

W: „Haben Sie Angst vor dem Tod?"

R-R: „Ja, sehr. Aber die Formulierung der Frage missfällt mir. Ich fürchte nicht den Tod. Ich habe Angst vor dem Nicht-mehr-Existieren. Mit dem Gedanken an den Tod kann man nicht fertigwerden. Er ist völlig sinnlos und vernichtend. Die Literatur hilft vielleicht, sich das unvermeidliche Ende des Lebens bewusst zu machen. Aber fertigwerden? ... Sich mit dem Tod auszusöhnen, ist unmöglich."

---

[9] https://www.focus.de/kultur/buecher/letztes-gespraech-mit-marcel-reich-ranicki-sich-mit-dem-tod-auszusoehnen-ist-unmoeglich_id_3200016.html

W: „Gibt es etwas, was über den eigenen Tod hinwegtrösten kann?"

R-R: „Nein. Es gibt nichts."

W: „Wie stellen Sie sich das Jenseits vor?"

R-R: „Es gibt kein Jenseits. Es gibt kein Leben nach dem Tod. Also hat es auch keinen Sinn, sich das Jenseits auszumalen. Der Tod ist der Schlusspunkt."

W: „Sie sind kein religiöser Mensch. Viele Religionen versprechen ein Weiterleben nach dem Tod. Würden Sie gern in einer Religion Trost finden?"

R-R: „Nein. Es gibt kein Weiterleben nach dem Tod. Das ist Wunschdenken. *Marx* nannte Religion Opium fürs Volk. Es ist wichtig, die Wirklichkeit so zu sehen, wie sie ist. Auch wenn mir nicht gefällt, was ich sehe."

W: „Was tun Sie, um mit den Gedanken an den Tod fertigzuwerden?"

R-R: „Man wird mit dem Gedanken an den Tod nicht fertig ... Der Gedanke daran ist eine Qual, daran ist nichts zu ändern."

7. Der Koran leugnet die Kreuzigung Jesu und damit auch die Auferstehung: Wie grundlegend die Kreuzigung Jesu für unser Heil ist, schreibt Paulus in 1. Korinther 2,2:

> *„Denn ich hielt es für richtig, unter euch nichts zu wissen als allein Jesus Christus, den Gekreuzigten."*

Dieser Kernsatz des Evangeliums wird im Koran geleugnet. In Sure 4,157 lehrt der Islam:

> „Sie töteten ihn nicht und kreuzigten ihn nicht, es schien ihnen nur so. Alle, die anderer Meinung sind, sind voller Zweifel und ohne Erkenntnis."

Wenn Jesus nicht gekreuzigt wurde, dann gibt es für ihn auch keine Auferstehung. Nach der Bibel ist aber die Auferstehung Jesu die Basis des Glaubens überhaupt. Das lesen wir in 1. Korinther 15,14+17-19:

> *„Ist aber Christus nicht auferstanden, so ist unsere Predigt vergeblich, so ist auch euer Glaube vergeblich ... Ist Christus aber nicht auferstanden, so ist euer Glaube nichtig, so seid ihr noch in euern Sünden; so sind auch die, die in Christus entschlafen sind, verloren. Hoffen wir allein in diesem Leben auf Christus, so sind wir die elendesten unter allen Menschen."*

8. „DIE ZEIT": Die Wochenzeitung „DIE ZEIT" titelte in der Osterausgabe vom 8. April 2009 mit folgender Balkenüberschrift: *„Die unglaublichste Geschichte der Welt – Nichts klingt unwahrscheinlicher als die Auferstehung Jesu!"*

TEIL C: Was tut Gott?

3. Augenzeugen der Auferstehung

Gott hätte uns durch einen Propheten verkündigen lassen können: *„Die Auferstehung Jesu ist geschehen. Ich habe ihn aus dem Tode zurückgeholt."* Das hätte noch mehr Zweifler auf den Plan gerufen, als es ohnehin schon der Fall ist. Aber das tat Gott nicht. Jesus lässt seine Auferstehung nicht durch Worte verkündigen, sondern er beweist sie selbst, indem er sich mehrfach an unterschiedlichen Orten und bei verschiedenen Gelegenheiten direkt zeigt.

Im Neuen Testament wird uns 15-mal von Augenzeugen berichtet, dass sie Jesus nach der Kreuzigung als den Auferstandenen und Lebenden erlebt haben:

1. Maria Magdalena
   (Johannes 20,11-18)
2. Zwei Frauen am Grab
   (Matthäus 28,9)
3. Zwei Jünger auf dem Weg nach Emmaus
   (Lukas 24,13-35)
4. Petrus
   (Lukas 24,34; 1. Korinther 15,5)
5. 10 Jünger ohne Thomas am Ostersonntag
   (Johannes 20,19)
6. 11 Jünger einschließlich Thomas
   (Johannes 20,26)
7. 7 Jünger am See Tiberias
   (Johannes 21,1-22)

8. 11 Jünger auf einem Berg in Galiläa
   (Matthäus 28,16-20)
9. 12 Jünger einschließlich Matthias
   (1. Korinther 15,5)
10. 500 Brüder
    (1. Korinther 15,6)
11. Jakobus, der Bruder des Herrn
    (1. Korinther 15,7)
12. Alle Apostel
    (1. Korinther 15,7; Markus 16,19-20; Lukas 24,50-53; Apostelgeschichte 1,3-12,26)
13. Stephanus, nach der Himmelfahrt
    (Apostelgeschichte 7,55-56)
14. Apostel Paulus, nach der Himmelfahrt
    (vor Damaskus bei der Bekehrung: Apostelgeschichte 9,3-5; im Tempel: Apostelgeschichte 22,17-21; im Gefängnis von Cäsarea: Apostelgeschichte 23,11)
15. Apostel Johannes, nach der Himmelfahrt
    (Offenbarung 1,12-20)

Einige dieser Augenzeugenberichte seien hier kommentiert:

1. Maria Magdalena (Johannes 20,1-18): Mit einer Augenzeugin wollen wir uns nun besonders beschäftigen. Es ist die **allererste Zeugin** der Auferstehung Jesu.

Jesus hatte sie von sieben bösen Geistern befreit, und sie war eine der wenigen Frauen, die mit Jesus im Lande umherzog. Sie hat viele Wunder Jesu als Augenzeugin erlebt. So war sie wohl auch dabei, als Jesus den Lazarus auferweckt hatte. Auch die Kreuzigung Jesu hat sie miterlebt (Tiefpunkt ihres Lebens) sowie die allererste Begegnung mit dem auferstandenen Jesus Christus (Höhepunkt ihres Lebens).

Am Ostersonntag nach der Kreuzigung macht sie sich sehr früh vor Sonnenaufgang auf den Weg zum Grab Jesu. Im Garten angekommen, wo sich Jesu Grab befindet, erschrickt sie dermaßen, dass sie in Tränen ausbricht. Wer hatte den schweren Stein vor der Graböffnung weggerollt? Das Grab ist leer. Große Angst überfällt sie, und sie läuft zu der Herberge, wo Petrus und Johannes sich aufhalten. Diese machen sich sofort auf den Weg zum Grab. Johannes kommt völlig außer Atem als Erster an, danach Petrus. Maria Magdalena liegt weit hinter Petrus zurück. Johannes nähert sich dem Grab, ohne jedoch hineinzugehen, aber er sieht, dass dort in dem leeren Grab nur Grabtücher liegen. Als Maria Magdalena dann das Grab erreicht, hatten sich Petrus und Johannes schon entfernt. Sie geht in das Grab hinein und stellt nun auch mit Entsetzen fest, dass das Grab leer ist.

Plötzlich sieht sie zwei strahlend weiß gekleidete Engel, wo Jesus gelegen hatte; einer am Kopfende, der andere am Fußende. Diese fragen: *„Warum weinst du?"* Sie antwortet unter Tränen: *„Sie haben meinen Herrn weggenommen, und ich weiß nicht, wo sie ihn hingelegt haben"* (Johannes 20,13).

Sie wendet den Kopf und sieht plötzlich einen Mann vor sich stehen. Sie nimmt an, es sei vielleicht der Gärtner, als dieser fragt: *„Warum weinst du? Wen suchst du?"* (Johannes 20,15). Auch seine Stimme erkennt sie zunächst nicht. *„Hast du ihn weggenom-*

men? *Sag mir doch, wo er ist!"*, erkundigt sie sich. Daraufhin redet er sie mit ihrem Namen an: *„**Maria!**"* Das geht ihr durchs Herz. Nie hatte jemand ihren Namen derart ausgesprochen. Nie zuvor hatte jemand die Anrede so speziell artikuliert wie er. Nun war es ganz klar, wer vor ihr steht. Es ist Jesus, der von den Toten auferstanden ist. Sie wurde dadurch zur **allerersten Zeugin** der Auferstehung Jesu.

2. Zwei Jünger auf dem Weg nach Emmaus (Lukas 24,13-31): Jesus begegnet zwei Jüngern auf dem Weg von Jerusalem nach Emmaus. Er erklärt ihnen anhand der Bibel den Sinn seines Leidens und isst mit ihnen. An der Art des Brotbrechens erkennen sie ihn. Sie erinnern sich: *„Brannte nicht unser Herz in uns, als er mit uns redete auf dem Wege und uns die Schrift öffnete?"* (Lukas 24,32).

3. Die 11 Jünger (Johannes 20,26-28): Acht Tage nach Ostern erscheint Jesus den 11 Jüngern erneut. Diesmal ist Thomas auch dabei. Jesus lässt sich von Thomas berühren, um dessen Unglauben zu überwinden: *„Reiche deinen Finger her und sieh meine Hände und reiche deine Hand her und lege sie in meine Seite, und sei nicht ungläubig, sondern gläubig! Thomas antwortete und sprach zu ihm: Mein Herr und mein Gott!"* (Johannes 20,27-28). Thomas erkennt Jesus als seinen Gott.

4. Die 7 Jünger (Johannes 21,1-22): Jesus zeigt sich sieben der zuerst berufenen Jünger am See Genezareth, als diese von erfolglosem Fischfang zurückkehren (Simon Petrus, Thomas, Nathanael, die Söhne des

Zebedäus und zwei andere seiner Jünger). Auf sein Wort hin fangen sie dann 153 Fische, und Jesus isst mit ihnen.

5. Die 11 Jünger auf einem Berg in Galiläa (Matthäus 28,16-20): Jesus erscheint den elf Jüngern in Galiläa, beauftragt sie zur weltweiten Mission und sagt ihnen seine Gegenwart bis zum Weltende zu: *„Gehet hin und machet zu Jüngern alle Völker: Taufet sie im Namen des Vaters und des Sohnes und des Heiligen Geistes und lehret sie halten alles, was ich euch befohlen habe. Und siehe, ich bin bei euch alle Tage bis an der Welt Ende"* (Matthäus 28,19-20).

6. 500 Brüder: Von der größten gleichzeitigen Zeugenschaft wird uns in 1. Korinther 15,6 berichtet: *„Danach ist er gesehen worden von mehr als 500 Brüdern auf einmal, von denen die meisten heute noch leben, einige aber sind entschlafen."*

7. Auch **nach der Himmelfahrt** hat sich Jesus als der Auferstandene mehrfach gezeigt. Als Stephanus wegen seines Glaubens an Jesus gesteinigt wird, darf er von diesem Ort aus in den Himmel schauen und Jesus sehen: *„Stephanus ... sah auf zum Himmel und sah die Herrlichkeit Gottes und Jesus stehen zur Rechten Gottes und sprach: Siehe, ich sehe den Himmel offen und den Menschensohn zur Rechten Gottes stehen"* (Apostelgeschichte 7,55-56).

Bedeutende Historiker haben die Auferstehung Jesu Christi als die gewisseste historische Aussage der Antike bezeichnet! So schrieb z. B. der renommierte

Wissenschaftler Prof. *Thomas Arnold* (1795-1842), Autor des dreibändigen Werkes „History of Rome" (Geschichte Roms) und Lehrstuhlinhaber für Neuere Geschichte in Oxford: „Ich kenne keine Tatsache in der Geschichte der Menschheit, die bei einer fairen Untersuchung durch bessere und vollständigere Belege aller Art bewiesen wird, als das große Zeichen, das Gott uns gegeben hat, nämlich, dass Christus starb und wieder von den Toten auferstand." Selbst der Skeptiker und Liedermacher *Wolf Biermann* (*1936) bezeichnete die Auferstehung als „die härteste Währung auf dem Markt der Hoffnungen".

Teil D: Das bisher größte Ereignis

4. Welche Bedeutung hat die Auferstehung Jesu für uns?

1. Gottes Wort erweist sich als Wahrheit: Mit der Auferstehung Jesu haben sich alle Aussagen aus dem prophetischen Wort des Alten Testaments, die sich auf seine Auferstehung beziehen, schlagartig erfüllt:

> *„Und sie werden mich ansehen, den sie durchbohrt haben, und sie werden um mich klagen, wie man klagt um ein einziges Kind, und sie werden sich um mich betrüben, wie man sich betrübt um den Erstgeborenen"* (Sacharja 12,10).

Auch in Jesaja 53,8-9+11 weist der Prophet auf den Tod Jesu, auf sein Grab und auf seine Auferstehung hin:

„Denn er ist aus dem Lande der Lebendigen weg-gerissen, da er für die Missetat meines Volkes ge-plagt war. Und man gab ihm sein Grab bei Gottlo-sen und Übeltätern als er gestorben war, wiewohl er niemand Unrecht getan hat und kein Betrug in seinem Munde gewesen ist ... Weil seine Seele sich abgemüht hat, wird er das Licht schauen und die Fülle haben."

Sein Körper wurde nicht der Verwesung preisgege-ben, wie es bereits in Psalm 16,10 vorausgesagt ist:

„Denn du [= Gott] *wirst mich* [= Messias, Jesus] *nicht dem Tode überlassen und nicht zugeben, dass dein Heiliger verwese."*

Felsenfest erfüllt Gott alles, was er durch seine Pro-pheten kundgetan hat. Das führt zu einem ganz neu-en Vertrauen in Gottes Wort.

Kein anderes Buch der Weltgeschichte kann erfüllte prophetische Aussagen vorweisen.[10] Das gibt es we-der im Koran noch in irgendwelchen anderen Bü-chern. Damit ist die Bibel das einzige Buch, das das göttliche Siegel der Wahrheit trägt.

2. Durch seine Auferstehung bestätigte Jesus die Wahrheit aller seiner Aussagen: So hat er z. B. in Mat-

---

[10] Anhand der 3268 erfüllten Prophetien der Bibel kann mit ma-thematischer Beweisführung ihre Wahrheit nachgewiesen werden. Siehe: *Werner Gitt*: Information – der Schlüssel zum Leben. CLV-Verlag, 8. Auflage 2023, S. 302-324.

thäus 20,18-19 seine Kreuzigung und Auferstehung vorausgesagt:

> *„Siehe wir* [= Jesus und die Jünger] *ziehen hinauf nach Jerusalem, und der Menschensohn wird den Hohenpriestern und Schriftgelehrten überantwortet werden; und sie werden ihn zum Tode verurteilen und werden ihn den Heiden überantworten, damit sie ihn verspotten und geißeln und kreuzigen; und am dritten Tage wird er auferstehen."*

Als Maria Magdalena mit Maria, der Frau des Klopas, im Grab war, tröstete der Engel sie und verwies auf Jesu Worte, dass jetzt genau das geschehen ist, was er zuvor vorausgesagt hatte:

> *„Fürchtet euch nicht! Ich weiß, dass ihr Jesus, den Gekreuzigten, sucht. Er ist nicht hier; er ist auferstanden, wie er gesagt hat"* (Matthäus 28,5-6).

Wir dürfen gewiss sein, dass alles, was Jesus je gesagt hat, wahr ist:

- dass er die Wahrheit in Person ist,
- dass er der Sohn des lebendigen Gottes ist,
- dass wir durch ihn zum ewigen Leben berufen sind,
- dass es ein Gericht gibt, das er selbst abhalten wird,
- dass es Himmel und Hölle gibt,
- dass er wiederkommen wird.

3. Die Auferstehung Jesu ist die Basis auch für unsere Auferstehung: Die Auferstehung Jesu ist die Basis auch für unsere Auferstehung und die Garantie dafür, dass auch wir durch ihn das ewige Leben erlangen, denn so hat er es versprochen:

> *„Ich bin die Auferstehung und das Leben. Wer an mich glaubt, der wird leben, auch wenn er stirbt; und wer da lebt und glaubt an mich, der wird nimmermehr sterben"* (Johannes 11,25-26).

4. Durch die Auferstehung Jesu hat Gott das auf Golgatha erbrachte Opfer seines Sohnes anerkannt: Nichts anderes – weder eigene Werke noch irgendeine Religion – ist in der Lage, unsere Sünden zu tilgen. Nur das vergossene Blut Jesu am Kreuz auf Golgatha ist das einzig wirksame Reinigungsmittel (1. Petrus 1,19).

5. Die Auferstehung ist Grundpfeiler unseres rettenden Glaubens: Ohne die Tatsache der Auferstehung wäre jegliche Verkündigung vergeblich:

> *„Ist aber Christus nicht auferstanden, so ist unsere Predigt vergeblich, so ist auch euer Glaube vergeblich"* (1. Korinther 15,17).

Nach längerer Diskussion mit einem Muslim stellte er mir die gezielte Frage: „Wenn Ihnen jemand beweisen könnte, dass Jesus gar nicht auferstanden ist, wäre Ihr Glaube dann dahin?" Daraufhin habe ich ihm klar und eindeutig geantwortet: „Ja!" Wenn Jesus nicht auferstanden ist, dann sind Millionen von Menschen auf Irrwegen gegangen, dann waren alle Gottesdienste und alle Gebete vergeblich. Aller Einsatz im Reich Gottes war bedeutungslos. Alle Märtyrer um Jesu willen sind dann vergeblich gestorben. Dann wäre mit dem Tode wirklich alles aus. Dann hätten die Atheisten und Evolutionstheoretiker Recht behalten. **Aber Jesus ist auferstanden!** Und darum befinden sich alle Atheisten und Evolutionsvertreter auf einem Irrweg. Wegen der Tatsache der Auferstehung lohnt sich jede Predigt, und es lohnt sich jeglicher Dienst im Namen Jesu. Der Glaube an Jesus rettet und führt mit Gewissheit ins Himmelreich!

6. Der Tod ist besiegt: Wer an Jesus glaubt, hat das Problem des Todes endgültig gelöst. Paulus beschreibt den Sieg Jesu über den Tod in 1. Korinther 15,54-55+57:

> *„Der Tod ist verschlungen vom Sieg. Tod, wo ist dein Stachel? Hölle, wo ist dein Sieg? ... Gott aber sei Dank, der uns den Sieg gibt durch unsern Herrn Jesus Christus!"*

7. Mit dem Geschehen der Auferstehung hat Gott uns eine Wirklichkeit gezeigt, die weit über unsere Erfahrungswelt von Raum und Zeit hinausgeht: Unsere dreidimensionale Welt ist nicht die ganze Wirklichkeit. Jesus hat uns die Realität der Ewigkeit bezeugt.

Teil E: Maria Magdalenas Botschaft an uns

5. Was würde Maria Magdalena uns heute sagen?

Nach alledem, was wir bisher zusammengetragen haben, können wir uns gut in Maria Magdalena hineinversetzen. Ihr fiktiver Aufruf an uns wäre nur allzu verständlich:

Ihr lieben Leserinnen und Leser! Ich bin überglücklich, bei diesem Herrn in alle Ewigkeit sein zu dürfen. Das Himmelreich hatte er mir fest versprochen. Weil er nie lügt, war ich mir auch hier seiner Zusage absolut gewiss. Nichts konnte mich mehr von ihm trennen – keine Macht dieser Welt hätte das geschafft, auch keine bösen Mächte.

Der Auferstandene gab den Auftrag: „Geht hinaus in alle Welt, und verkündigt die Rettungsbotschaft allen Menschen."

Und jeder, der sich an ihn wendet und seine Sünden bei ihm ablegt, wird von aller Schuldenlast befreit und erhält von ihm das Geschenk des Himmels. Genau das habe ich auch erlebt, und meine Last war groß.

Verpasse auch Du dieses Angebot nicht, und eile noch heute zu ihm. Er hat fest versprochen, nie-

manden abzuweisen, der zu ihm kommt.[11] Auch das habe ich – wer weiß wie oft erlebt – als er mit uns Jüngern und Jüngerinnen unterwegs war.

Zu ihm kamen betrügerische Zöllner, Ehebrecher und Sünder aller Art. Keinen hat er abgewiesen oder abgeurteilt. Er nahm sich aller Verlorenen an. Zum Himmelreich gibt es keinen anderen Weg als nur durch ihn.[12]

Wer ohne Jesus lebt, der wird ewig mit den Dämonen zusammenleben müssen. Und das wünsche ich aus eigener Erfahrung keinem von Euch. Beschreite darum den einzig gangbaren Weg, der auch Dich in das ewige Vaterhaus Gottes bringt. Es ist Gottes ausgemachter Wille, dass es Dir ewig gut gehen soll. Ergreife das ewige Leben, dazu Du berufen bist.[13]

6. Was bedeutet die Auferstehung Jesu für Dich?

Jeder, der sich im Gebet zu Jesus wendet, seine Sünden bei ihm ablegt und sein Leben ihm anvertraut, wird von aller Schuldenlast befreit und erhält von ihm das Geschenk des ewigen Lebens. Er hat fest versprochen, niemanden abzuweisen, der zu ihm kommt:

---

[11] Johannes 6,37b
[12] Apostelgeschichte 4,12; Johannes 14,6; 1. Johannes 5,12
[13] 1. Timotheus 6,12

„*Wer zu mir kommt, den werde ich nicht hinausstoßen*" (Johannes 6,37b). Zum Himmelreich gibt es keinen anderen Weg als nur durch Jesus (Apostelgeschichte 4,12). Ergreife das ewige Leben, zu dem auch Du berufen bist (1. Timotheus 6,12)!

Teil V:

Was muss ich tun,
um in den Himmel zu kommen?

1. Einleitung

Kommen wir mit Leuten tiefer ins Gespräch, dann stellen wir fest, dass die meisten Menschen ausschließlich diesseitsorientiert leben. Wollen wir mit wenigen Stichworten zusammenfassen, was ihr Lebensziel ist, dann sind es die drei Stichworte: *Reichtum*, *Anerkennung* und *Glück*.

Ehre

Ehrung und Anerkennung spielen weithin eine zentrale Rolle. Das gilt nicht nur für Schauspieler, Politiker oder Sportler, sondern für jede Berufsgruppe und im Privatleben. Unser Hunger nach Ehre und Anerkennung kann in dieser Welt nie gestillt werden. Wir drücken das auf mancherlei Weise aus:

- Ehrenbürger der Stadt ...
- Ehrendoktorwürde
- Ehrenpräsident
- Ehrenvorsitzender

Menschen werden auf mancherlei Weise und in den unterschiedlichsten Gebieten auf den Sockel gehoben:

- *Sport:* Bei der Olympiade drei Minuten auf dem Siegertreppchen stehen.
- *Wissenschaft:* Nobelpreis aus der Hand des schwedischen Königs entgegennehmen.
- *Schönheit:* Schärpe für die Schönheitskönigin. Man wählt Miss Germany, Miss World, Miss Universum.

Im Dezember 1999 wählte man in den USA *Diana* (1961-1997), die erste Ehefrau des britischen Thronfolgers und späteren Königs *Charles III* und damalige Kronprinzessin des Vereinigten Königreiches von England, als die schönste Frau des Jahrhunderts. Jedes Jahr wird in Deutschland die „Deutsche Weinkönigin" gekürt. Viele Herrscher ließen sich zu Lebzeiten modellieren und Denkmäler erstellen.

Manchmal haben Leute schon in jungen Jahren den Drang, sich ein Denkmal zu setzen. *Leonardo DiCaprio* (*1974), der Hauptdarsteller in dem Film „Titanic", war gerade erst 24 Jahre alt (1999), als er eine Bronze-Statue in Auftrag gab,[14] damit die Nachwelt ihn in Erinnerung halten soll.

Schauen wir uns in der Geschichte um, dann stellen wir fest, die Herrscher haben sich große Namen zugelegt.

Aus einem *Gajus Julius Cäsar Oktavian* wurde *Augustus der Große.* Zusätze zum Namen wie „der Große"

---

[14] Prisma Nr. 42/1999, Wochenmagazin zur Zeitung mit Fernsehprogramm 23.-29.10.1999.

drücken eine besondere Verehrung und Anerkennung aus. So kennen wir aus der Geschichte:

- Alexander der Große
- Karl der Große
- Friedrich der Große
- Otto der Große
- In Braunschweig hatten wir *Heinrich den Löwen*, warum nannte er sich nicht *Heinrich die Ameise* oder *Heinrich der Regenwurm*?
- In Sachsen gab es *August den Starken*, warum nannte er sich nicht *August die Mücke*?
- In Sachsen gab es einmal einen Kurfürsten, und der hieß *Friedrich der Gebissene*. So hatte er sich aber nicht selbst genannt, sondern der Volksmund.

Die Menschen suchen Ruhm bei Menschen. Nach Römer 3,23 aber brauchen wir Ruhm bei Gott!

Glück

Die bunte Presse lebt davon, vom Glück – vielleicht sagen wir besser, vom scheinbaren Glück – anderer Menschen zu berichten. Da geben Leute vor, sie seien glücklich mit ihrem Ehepartner oder Lebenspartner und sie meistern gemeinsam das Leben. Auf einmal taucht ein anderer Mann oder eine andere Frau auf, und schon ist alles vorherige Glück dahin.

Die deutsche Dichterin *Eleonore Fürstin von Reuß* (1835-1903) beschreibt es treffend in der 3. Strophe des Liedes *„Ich bin durch die Welt gegangen"*:

Sie suchen, was sie nicht finden
in Liebe und Ehre und Glück,
und sie kommen belastet mit Sünden
und unbefriedigt zurück.

2. Unrealistische Ziele bezüglich der Ewigkeit

Sogar, wenn manche über ihr Ende nachdenken, bleibt die Ewigkeit merkwürdigerweise ausgeklammert.

Die amerikanische Schauspielerin *Drew Barymoore* (*22.02.1975) spielte mit fünf Jahren als Kinderstar die „Gerti" in dem Fantasy-Film *„E.T. Die Außerirdischen"* eine Hauptrolle. Der Film lief am 09.12.1982 in den deutschen Kinos an und war so erfolgreich, dass er über 10 Jahre lang Platz eins der Liste der erfolgreichsten Filme anführte. 350 Millionen Zuschauer sahen ihn. Mit achtundzwanzig äußerte sie[15]: *„Wenn ich vor meiner Katze sterben sollte, dann möge man ihr meine Asche zu fressen geben, dann lebe ich wenigstens in meiner Katze weiter."* Wie schade, wenn man mit solch einer Perspektive lebt.

Der US-amerikanische Geologe und Astronom *Eugene Shoemaker* (1928-1997) entdeckte zusammen mit seiner Frau 20 Kometen und 800 Asteroiden. Weltweit bekannt wurde er als Mitentdecker des Kometen SHOMAKER-LEVY 9, der 1994 spektakulär auf den Jupiter stürzte. Zu Lebzeiten hatte er für seine Beerdi-

---

[15] Zeitschrift Biografie Nr. 1, 2002, S. 100-107.

gung etwas Außergewöhnliches verfügt, nämlich, dass man seine Asche auf den Mond bringen solle. Mit der US-Raumsonde Lunar Prospector wurde sein Wunsch am 2. August 1999 erfüllt.

3. Menschen zurzeit Jesu

Zu Jesus kamen viele Menschen mit ihren Anliegen. Auffällig ist, dass es überwiegend irdische Probleme waren:

- Zehn Aussätzige wollten gesund werden (Lukas 17, 12-13).
- Die Pharisäer kamen mit einer Fangfrage zu Jesus (Matthäus 22,17).
- Bei anderer Gelegenheit versuchten die Pharisäer und Sadduzäer Jesus, um von ihm ein Zeichen vom Himmel sehen zu lassen (Matthäus 16,1).
- Der Mann mit der verdorrten Hand wollte wieder gesund werden (Markus 3,1).
- Die kanaanäische Frau kam zu Jesus, damit ihre Tochter von einem bösen Geist befreit wird (Matthäus 15,22).
- Die blutflüssige Frau wollte Heilung von ihrer Krankheit (Matthäus 9,20).
- Auferweckung der Tochter des Jairus (Markus 5, 35+41).

Nur wenige Menschen kamen zu Jesus, um von ihm zu hören, wie man in den Himmel kommt. Außer den Jüngern waren nur wenige jenseitsorientiert. Ja, so richtig direkt kam nur einer, der das ewige Leben suchte, und das war ein reicher junger Mann. Er stellte Jesus die zentrale Frage:

> *„Guter Meister, was muss ich tun, dass ich das ewige Leben ererbe?"* (Lukas 18,18).

Diesem „Reichen Jüngling" wurde es von Jesus gesagt, was er tun sollte, nämlich all seinen Kram, woran sein Herz hing, zu verkaufen und ihm nachzufolgen. Das tat er aber nicht, denn in Vers 23 heißt es:

> *„Als er das hörte, wurde er traurig, denn er war sehr reich."*

Dann gab es noch einige Leute, die gar nicht den Himmel suchten, aber in der Begegnung mit Jesus wurden sie darauf hingewiesen, und sie griffen zu:

Zachäus wollte Jesus nur aus lauter Neugier sehen, aber er fand den Himmel. Das hätte er sich beim Frühstück nicht träumen lassen. Aber nach dem Besuch im Hause Zachäus – quasi beim Kaffeetrinken – fand er den Himmel. Jesus stellte fest:

> *„Heute ist diesem Hause Heil widerfahren"* (Lukas 19,9).

Nikodemus kommt im Schutze der Nacht zu Jesus, um ein theologisches Fachgespräch zu führen, und er findet in der Begegnung mit Jesus den Himmel (Johannes 3,1-13).

Die Frau am Jakobsbrunnen wollte nur Wasser schöpfen, sie trifft auf Jesus und findet den Himmel (Johannes 4,1-42).

Alle diese Leute hatten beim Frühstück keineswegs daran gedacht, dass dies der Tag wird, an dem sie den Himmel finden.

4. Wie also finden wir den Himmel?

Nach dem, was wir bisher gehört haben, ist Folgendes festzuhalten:

1. Das Himmelreich findet man an einem ganz bestimmten Tag. Man wächst nicht über Jahre in das Himmelreich hinein. Das ist gute Botschaft für uns, denn so wird es auch heute für dich möglich.
2. Der Erwerb des Himmelreiches ist nicht an eine zu erbringende Leistung gekoppelt.
3. Das Himmelreich kann man ganz unvorbereitet finden. Es bedarf dazu keiner vorausgehenden theologischen Studien, um sich angemessen darauf einzustellen.
4. Das Himmelreich ist nicht nur etwas äußerst Wichtiges für uns, sondern das Allerwichtigste überhaupt; sonst hätte es Jesus nicht bei jedem Gespräch immer wieder darauf angelegt.

An diesen Kriterien erkennen wir schon, dass manche eine völlig falsche Vorstellung haben, wie man in den Himmel gelangt.

Zurzeit *Luthers* verkaufte man Ablassbriefe, um dadurch die Sünden loszuwerden. Es galt der gängige Spruch: „Wenn das Geld im Kasten klingt, die Seele aus dem Fegefeuer in den Himmel springt." Weit gefehlt – niemand kann sich den Himmel erkaufen. Diese Irrlehre war ein Grund dafür, dass es zur Reformation kam. Erstaunlich ist, dass der Papst das Jahr 2000 zum Ablassjahr erklärte.

Eine reiche Stiftsherrin ließ ein Armenhaus bauen, in dem 20 Frauen kostenlos wohnen konnten und auch noch verpflegt wurden. Eine gute Sache, aber nun kommt die Bedingung: Die Frauen mussten sich verpflichten, jeden Tag eine Stunde lang für das Seelenheil der Stiftsherrin zu beten.

Wer sagt denn, dass 20 Frauen genug sind und dass eine Gebetsstunde reicht? Vielleicht müssen es 100 Frauen sein, die drei Stunden pro Tag beten müssen.

Rein menschliche Überlegungen sind Wunschvorstellungen, die aber nicht zur Ewigkeit führen.

Was bringt uns nun aber wirklich in den Himmel? Zum besseren und leichteren Verständnis hat Jesus über dieses Thema in Form von Gleichnissen gesprochen. Ein besonderer Aspekt der Gleichnisse ist, dass wir zu ihrem Verständnis keinerlei biblische Vorkenntnisse benötigen.

Wohlgemerkt: Das größte Unglück in einem Menschenleben ist nicht

- eine gescheiterte Ehe,
- der Verlust aller Aktien,
- der Verlust der Gesundheit,
- der Verlust einer guten Arbeitsstelle
- und auch nicht der Tod,

sondern, das ewige Leben verpasst zu haben.

5. Das große Abendmahl
(Lukas 14,16-24; Luther-Übers. 1984)

Das folgende Gleichnis[16] erklärt uns, wie man den Himmel gewinnen oder aber auch verpassen kann.

[16] *Jesus sprach: Es war ein Mensch, der machte ein großes Abendmahl und lud viele dazu ein.*

[17] *Und er sandte seinen Knecht aus zur Stunde des Abendmahls, den Geladenen zu sagen: Kommt, denn es ist alles bereit!*

[18] *Und sie fingen an alle nacheinander, sich zu entschuldigen. Der erste sprach zu ihm:* **Ich habe einen Acker gekauft** *und muss hinausgehen und ihn besehen; ich bitte dich, entschuldige mich.*

[19] *Und der zweite sprach:* **Ich habe fünf Gespanne Ochsen gekauft** *und ich gehe jetzt hin, sie zu besehen; ich bitte dich, entschuldige mich.*

[20] *Und der dritte sprach:* **Ich habe eine Frau genommen***; darum kann ich nicht kommen.*

---

[16] Das Gastmahl des Hausherrn deutet Jesus als Sein Mahl. Ebenso ist das Reich Gottes Sein Reich, nämlich der Himmel. Darum zeigt dieses Gleichnis uns an, wie wir Menschen auf die Einladung zum Himmel reagieren.

²¹ *Und der Knecht kam zurück und sagte das seinem Herrn. Da wurde der Hausherr zornig und sprach zu seinem Knecht: Geh schnell hinaus auf die Straßen und Gassen der Stadt und führe die Armen, Verkrüppelten, Blinden und Lahmen herein.*

²² *Und der Knecht sprach: Herr, es ist geschehen, was du befohlen hast; es ist aber noch Raum da.*

²³ *Und der Herr sprach zu dem Knecht: Geh hinaus auf die Landstraßen und an die Zäune und nötige sie hereinzukommen, dass mein Haus voll werde.*

²⁴ *Denn ich sage euch, dass keiner der Männer, die eingeladen waren, mein Abendmahl schmecken wird.*

Hier sagt uns Jesus deutlich, dass man den Himmel erwerben, aber auch verpassen kann. Eine schnell gefundene Ausrede verschließt vielen Menschen den Zugang zum Himmel. So geschieht es auch hier im Gleichnis bei den drei genannten Personen:

• **Der eine** hatte einen Acker gekauft, ohne ihn je gesehen zu haben. Wer weiß, welch fragwürdigen Kauf er abgeschlossen hatte. Vielleicht hatte er einen überhöhten Quadratmeterpreis gezahlt, ohne das erworbene Land je in Augenschein genommen zu haben. Vielleicht war er gar einem Betrüger in die Hände gefallen, der ihm einen Wüstenstreifen verkauft hatte. Und dafür schlägt er die Einladung aus.

Eine Fehlentscheidung mag man noch gelten lassen, aber nun begeht er auch noch den größten Fehler seines Lebens: Er wird zum Himmel eingeladen, aber er schlägt aus.

- Da ist noch **ein anderer** – vielleicht ist der klüger? Der hat **5 Gespanne Ochsen** gekauft, aber er entschuldigt sich auch: Ich muss anschauen, was ich bezahlt, aber nie gesehen habe. Der ist leider genauso töricht wie der erste. Auch er begeht sogleich die zweite Dummheit und schlägt die Einladung zum Himmel aus. Auch von ihm können wir nichts lernen.

- Aber da ist noch **ein Dritter**: Der hat nicht gekauft, der hat geheiratet. Wunderbar! Er hat die Frau des Lebens gefunden! Oh, glücklicher Mann! Deine jahrelange Suche hat sich gelohnt.

Nun bekommt auch er eine Einladung zum Himmel. Wie verhält der sich? Er entschuldigt sich damit: „Ich habe eine Frau genommen; darum kann ich nicht kommen." Ist das nicht merkwürdig? Er verwirft die Einladung wegen seiner Frau. Müsste er nicht sogar umgekehrt handeln:

Ich habe geheiratet, ich bin glücklich, und nun werde ich zum ewigen Fest der Freude eingeladen. Er hätte doch sagen müssen: „Mein lieber Schatz, ich erhielt heute die Supereinladung. Das gibt's nie wieder. Komm mit, wir wollen einmal beide im Himmel sein!" So geht er selbst verloren und zieht seine Frau auch noch mit in die Verlorenheit.

Von diesen Dreien kann uns keiner ein Vorbild sein. Alle lehnen den Aufenthalt im Himmel ab. Keiner kommt! Findet das Fest nun nicht statt?

Oh doch! Der Hausherr schickt seine Knechte nun kreuz und quer durch die Dörfer und Städte. Jetzt gilt der bloße Zuruf: Komm!

Geht an die Hecken und Zäune zu den Nachbarn. Ladet ein, wer sich laden lässt. Wer kommt, erhält einen sicheren Platz im Himmel.

Was passiert nun? JA, die Leute kommen – sogar in hellen Scharen. Der Herr zieht Zwischenbilanz – es gibt noch freie Plätze. Er schickt seine Leute wieder hinaus. Ladet weiter ein. Diese Situation besteht bis heute. Die Einladung gilt: Komm und reserviere dir deinen Platz im Himmel! Der Himmel ist unvorstellbar schön! In 1. Korinther 2,9 heißt es:

„Was kein Auge gesehen hat und kein Ohr gehört hat und in keines Menschen Herz gekommen ist, was Gott denen bereitet hat, die ihn lieben."

Einer hat für uns das Tor zum Himmel aufgeschlossen, es ist Jesus! Ihm haben wir den Platz im Himmel zu verdanken.

6. Die Rettung durch Jesus

In Apostelgeschichte 2,21 lesen wir über unsere Errettung:

> *„Und es soll geschehen: Jeder, der den Namen des Herrn anrufen wird, wird errettet werden."*

Das ist der Kernpunkt des Neuen Testaments. Als Paulus im Gefängnis in Philippi saß, kam es nach Mitternacht zu einem evangelistischen Gespräch mit dem Kerkermeister. Paulus sagte:

> *„Glaube an den Herrn Jesus, so wirst du und dein Haus gerettet werden"* (Apostelgeschichte 16,31).

Diese Botschaft ist kurz und knapp, aber durchgreifend und lebensverändernd. In derselben Nach bekehrte sich der brutale Gefängniswärter, der noch zuvor Paulus und Silas mit der Peitsche bearbeitet hatte. Aber jetzt heißt es:

> *„Und er nahm sie zu sich in derselben Stunde der Nacht und wusch ihnen die Striemen. Und er ließ sich und alle die Seinen sogleich taufen"* (Apostelgeschichte 16,33).

Nach einem evangelistischen Vortrag in Polen (Bielsko-Biała) gab eine Frau ein eindrucksvolles Zeugnis. Als sie sich bekehrt hatte, wollte sie dem Herrn dienen. Es ist immer erstaunlich zu hören, welche Ideen Menschen haben, um die Liebe zu ihrem Herrn auszudrücken: Sie pachtete ein Stück Land an einer stark befahrenen Autostraße. Auf einem Hügel stellte sie eine große Plakatwand auf mit dem Text aus Apostelgeschichte 16,31:

„Glaube an den Herrn Jesus, so wirst du gerettet werden."

Niemand, der dort vorbeifährt, kann dieses 4 Meter mal 1,70 Meter große Schild übersehen. Es trägt das Evangelium in Kurzfassung! Kürzer geht es nicht, und doch ist alles enthalten.

Sie hat sich vorgenommen, immer nur diesen einen Vers zu zeigen. Weil ihr dieses Wort so wichtig geworden ist, will sie es auch nie auswechseln. Sie wünscht sich, dass dieser Vers sich tief in die Herzen der Autofahrer einprägt.

Vor kurzem ist sie einen Schritt weiter gegangen, indem sie das Land gekauft hat. Nun kann kein Verpächter kommen und sagen, Ihre Aktion gefällt mir nicht, und darum verpachte ich Ihnen das Land nicht mehr. Sie will diese Art der Straßenmission fortführen.

Wovon rettet Jesus? Jesus rettet vom Weg zur Hölle in den Himmel. Beide Orte sind ewig. Der eine ist herrlich – der andere schrecklich. An der Person Jesu entscheidet sich alles. Unser ewiger Verbleib hängt von einem einzigen Namen ab: Jesus!

In Polen besuchten wir auch das ehemalige Vernichtungslager Auschwitz. Schreckliche Dinge haben sich dort während des Dritten Reiches abgespielt. Von Februar 1942 bis November 1944 wurden hier mehr als 1,6 Millionen Menschen, vorwiegend Juden, vergast und anschließend verbrannt. Man spricht heute in der Literatur von der „Hölle von Auschwitz". Ein Kommentator sagte einmal in einer Fernsehsendung[17]:

> „Das 20. Jahrhundert hat alle Höllenbilder nicht nur erfüllt, sondern noch überholt."

Doch hier irrt der Mann. Ich habe über diese Bezeichnung „Hölle von Auschwitz" nachgedacht, nachdem wir von der Fremdenführerin durch eine Gaskammer geleitet wurden, in der bei einer Charge 600 Menschen auf einmal umkamen. Es war unvorstellbar schrecklich, aber war das wirklich die Hölle?

Wir konnten uns die Gaskammer als Besuchergruppe ansehen, weil seit 1944 das Grauen ein Ende hat. Jetzt sind die Anlagen zur Besichtigung freigegeben, und niemand wird dort mehr gequält oder vergiftet. Die Gaskammern von Auschwitz waren zeitlich, die Hölle nicht. Sie ist ewig und kann darum niemals besichtigt werden.

Aber auch der Himmel ist ewig (Matthäus 25,46), und das ist der Ort unserer Berufung. Lass dich einladen,

---

[17] ZDF-Sendung am Himmelfahrtstag, dem 01.06.2000 18:40-19:58: „Jenseits von Zeit und Raum". Der Autor hatte gemeint, dass alle Höllendarstellungen der Kunst durch die Brutalität des Holocaust und der Weltkriege des 20. Jahrhunderts noch übertroffen wurden.

in den Himmel zu kommen. Rufe den Namen des Herrn an, und du hast gebucht.

Den Himmel buchen? Nach einem Vortrag fragte eine Frau ganz aufgeregt: „Kann man denn den Himmel überhaupt *buchen*? Das klingt ja nach einem Reisebüro!" – „Ja, das stimmt, Sie müssen die Buchung vornehmen. Wer nicht bucht, kommt nicht ans Ziel. Wenn Sie nach Hawaii wollen, brauchen Sie einen gültigen Reisepass und das Flugticket." Darauf antwortete die Frau: „Das Flugticket muss doch bezahlt werden, aber zum Himmel zahlt man doch nicht!" – „Oh ja, das Ticket zum Himmel ist sogar so teuer, dass wir es alle nicht bezahlen können, aber gezahlt werden muss. Einer hat bezahlt, und das ist Jesus. Er zahlte am Kreuz mit seinem Blut. Wenn das kein Preis sein soll!"

7. Was manchmal einer Bekehrung entgegensteht

Es ist ganz natürlich, dass wir Fragen mitschleppen, auf die wir noch keine Antwort gefunden haben. Das gilt insbesondere auch dann, wenn uns das Evangelium anspricht. Darum möchte ich hier auf drei Fragen eingehen, die mir direkt nach einem Vortrag gestellt wurden.

Frage 1: *Es gibt so viele junge Leute, die durch einen Unfall ums Leben gekommen sind, oder die sich das Leben genommen haben, weil ihnen die Probleme des Lebens unlösbar erschienen. Sie hatten keine Zeit für eine Bekehrung. Was ist mit ihnen?*

Wir können die Kette jener Leute, die so plötzlich aus dem Leben gerissen wurden, noch beliebig fortsetzen. Was ist mit jenen Menschen,

- die in jungen Jahren an einer Krankheit starben?
- die im Krieg durch eine Granate getroffen wurden?
- die in Auschwitz vergast wurden?
- die mit einem Flugzeug abgestürzt sind?
- die beim Untergang der Titanic ums Leben kamen?
- die beim Zugunglück von Eschede in den Tod gerissen wurden?

Jesus spricht in Lukas 13,4 von einem Unglück der damaligen Zeit. Der Turm von Siloah war umgekippt und hatte dabei 18 Leute erschlagen. Da kamen nun die Leute zu ihm und hatten auch die Frage, was wohl mit denen sei. Jesus geht auf die Umgekommenen überhaupt nicht ein, sondern verweist auf die Lebenden, auf die Umherstehenden, dass sie sich bekehren:

„Wenn ihr nicht Buße tut, werdet ihr alle auch so umkommen" (Lukas 13,3 & 5).

Der Ruf Gottes ergeht immer an die Lebenden. Für die Toten ist alles entschieden. An ihrem Los können wir nichts mehr ändern. Gott wird sie einmal gerecht beurteilen.

Aber unser eigenes Los, das können wir sehr wohl beeinflussen. Da sind wir auch gefragt und zum Handeln aufgerufen. Den Lebenden gilt der Ruf Gottes; ja, mehr noch, es ist ein göttlicher Befehl:

- *„Kehrt um, bekehrt euch!"* (Apostelgeschichte 3,19)
- *„Ringet darum, dass ihr durch die enge Pforte hineingeht!"* (Lukas 13,24)
- *„Tut Buße, denn das Himmelreich ist nahe herbeigekommen!"* (Matthäus 4,17)
- *„Geht ein durch die enge Pforte. Denn der Weg ist breit, der zur Verdammnis führt, und viele sind's die auf ihm hineingehen. Wie eng ist die Pforte und wie schmal der Weg, der zum Leben führt, und wenige sind's die ihn finden!"* (Matthäus 7,13-14)
- *„Nötigt sie hereinzukommen!"* (Lukas 14,23)
- *„Ergreife das ewige Leben, dazu du berufen bist"* (1. Timotheus 6,12)
- *„Heute, wenn ihr seine Stimme hören werdet, verstockt eure Herzen nicht."* (Hebräer 3,15)
- *„Lasst euch erretten aus diesem verkehrten Geschlecht!"* (Apostelgeschichte 2,40)
- *„Glaube an den Herrn Jesus, so wirst du und dein Haus gerettet!"* (Apostelgeschichte 16,31)

Das sind alles sehr eindringliche Befehle. Man spürt ihnen den Ernst und die Dringlichkeit ab.

Kurz: Du, der du die Botschaft der Rettung heute gehört hast, greife jetzt zu. Buche den Himmel, bekehre dich zu Jesus. Gott wird einmal fragen: „Du hast das Evangelium gehört – was hast du damit gemacht?"

Frage 2: *Kann ich mich im Himmel freuen, wenn ich weiß, dass meine Eltern und meine Geschwister, die schon gestorben sind, nicht dort sind. Das würde für mich ein ewig dauernder Schmerz sein.*

Das ist eine sehr oft gestellte Frage. Hierzu gibt es Mehreres zu bedenken:

a) Niemand vermag zu sagen, wo ihre Angehörigen sind. Wir wissen nicht wirklich, wie sie im Letzten zu Gott standen. Vielleicht gab ihnen Gott im letzten Augenblick die Chance, ihn anzurufen. Das bleibt für uns eine offene Frage.

b) Auch wenn wir im Himmel manch einen lieben Menschen nicht antreffen, wird das keinen Schmerz verursachen. Die Bibel gibt uns in Jesaja 65,17 dazu ein richtungsweisendes Wort:

> *„Denn siehe, ich will einen neuen Himmel und eine neue Erde schaffen, dass man der vorigen nicht mehr gedenken und sie nicht mehr zu Herzen nehmen wird."*

Was uns hier auf der Erde einmal wichtig war, ist im Himmel nicht nur untergeordnet, ja, es wird unser Herz nicht mehr bewegen.

Als unsere Tochter klein war, hatte sie viele Puppen, die sie über alles liebte. Und so fragte sie einmal: Wird es im Himmel auch Puppen geben? Diese Frage war ihr damals sehr wichtig; heute ist dieser Gedanke nicht aus ihrem Gedächtnis gelöscht, aber er ist völlig unbedeutend geworden.

Es wird Vielen im Himmel so ergehen, dass manch einer seiner irdischen Verwandten und Freunde, seiner

Nachbarn und Kollegen, mit denen er sich gut verstand, nicht im Himmel antreffen wird. Ja, wenn wir das Wort Jesu aus der Bergpredigt ernst nehmen, befinden sich die meisten Menschen willentlich auf der breiten Straße (Matthäus 7,13-14), und diese erreichen den Himmel nicht:

„Geht hinein durch die enge Pforte. Denn die Pforte ist weit, und der Weg ist breit, der zur Verdammnis führt, und viele sind's, die auf ihm hineingehen. Wie eng ist die Pforte und wie schmal der Weg, der zum Leben führt, und wenige sind's, die ihn finden."

Unsere Erinnerung über das, was wir auf der Erde erlebten, wird nicht gelöscht sein, aber alles wird von der Herrlichkeit Gottes überstrahlt sein. So wie wir am Tage durch das helle Sonnenlicht die Sterne nicht sehen können, obwohl sie doch da sind, wird es uns auch im Himmel ergehen. All das Vergangene, das Irdische, wird vom Himmlischen so stark überstrahlt werden, dass wir uns nichts mehr davon zu Herzen nehmen. Wir werden des Vergangenen nicht mehr gedenken, und nichts wird unser Herz beschweren. Der Himmel bleibt wirklich ungetrübt und schmerzfrei.

c) Selbst wenn wir es ganz genau wüssten, dass uns nahestehende Menschen in der Hölle sind, wir täten ihnen keinen Gefallen damit, es ihnen gleich zu tun. Sie hätten nichts davon. In Lukas 16 wird von zwei Menschen berichtet, die gestorben sind. Der Eine, mit Namen Lazarus, ist errettet und erreicht das Paradies. Der andere, ein Reicher, gelangt an den Ort der Verlorenheit. Er hat zwei Wünsche:

1. Er wünscht sich, dass Lazarus die Spitze seines Fingers ins Wasser tauchen möge, um ihm die Zunge zu kühlen, weil er Pein in den Flammen erleidet.

2. Sein zweiter Wunsch bezieht sich auf seine 5 noch lebenden Brüder. Er möchte, dass Lazarus in sein Haus gehen möge, um die 5 Brüder zu warnen, dass sie nicht auch – wie er – an diesen fürchterlichen Ort der Qual kommen.

Es ist erstaunlich, dass der Reiche in der Hölle nicht den Wunsch hat, dass die Brüder auch dorthin gelangen. Er weiß, dort gibt es keine Familienzusammenführung. Wenn sie auch in die Hölle kämen, würde er sie doch nicht zu sehen kriegen.

Die Textstelle in Lukas 16 endet mit den Worten:

> „Sie haben Mose und die Propheten; die sollen sie hören. ... Hören sie Mose und die Propheten nicht, so werden sie sich auch nicht überzeugen lassen, wenn jemand von den Toten auferstünde" (Lukas 16,29+31).

Damit ist gesagt: Wir haben die Bibel mit den von Gott autorisierten Aussagen. Darauf sollen wir hören und entsprechend handeln.

Frage 3: *Ich kann mir nicht vorstellen, dass der große erhabene Gott mit mir eine ganze Ewigkeit zusammenleben will. Für einige Zeit – das kann ich mir denken, aber für immer und ewig? Nein!*

Antwort: Sie haben Recht – das kann ich mir auch nicht so recht vorstellen. Warum sollte Gott so sehr daran gelegen sein, auf immer und ewig ständig mit mir zusammen zu leben? Da kann ich Sie nur allzu gut verstehen!

Gut, dass wir uns das nicht ausgedacht haben, einmal ewig bei Gott zu sein. Es ist aber sein ureigener Wille. Es ist sein größter Wunsch, uns einmal bei sich zu haben. Es ist nur erklärbar durch seine Liebe, und für die Liebe gibt es keine Begründung.

Das Kreuz Jesu wurde in dieser Welt aufgerichtet, damit wir dadurch unsere Schuld loswerden und sich dadurch für uns die Tore des Himmels öffnen. Gott selbst hat alles daran gesetzt, damit es zu einer ewigen Gemeinschaft mit ihm – dem heiligen Gott – kommen kann. In Johannes 17,24 betet Jesus zum Vater:

> *„Vater, ich will, dass; wo ich bin, auch die bei mir seien, die du mir gegeben hast, damit sie meine Herrlichkeit sehen, die du mir gegeben hast."*

8. Menschen, die zur Hölle wollten

Es ist nicht zu fassen: Es gibt immer wieder Menschen, die einmal in der Hölle sein möchten.

- Sie meinen, dort wäre mehr los als im Himmel.
- Sie meinen, dort würden sie ihre Freunde wiedertreffen.
- Sie meinen, dort ...

Hat unsere Verkündigung versagt? Haben wir die Schrecknisse und Qualen dieses Ortes nicht eindringlich genug geschildert, so dass so viele nicht informiert sind, was sie an jenem Ort erwartet?

Oder noch schlimmer: Haben wir nie über die Hölle gepredigt? Oder haben wir gar gesagt: Es gibt gar keine Hölle. Neulich sagte mir ein Bremer Freund: „In unserer Kirche wird nie etwas über die Hölle gesagt. Die Pastoren haben wohl Angst, dass man ihnen unterstellt, sie seien beim Mittelalter stehen geblieben." Wir tun gut daran, das zu predigen, was Jesus den Menschen gesagt hat. Und er hat nicht selten warnend von der Hölle und dem Verlorengehen gesprochen.

Der Entertainer *Chris Howland*

Der gebürtige Engländer und Entertainer *Chris Howland* (1928-2013) äußerte einmal (1999), er möchte einmal lieber in der Hölle als im Himmel sein, weil alle seine Freunde auch dort seien.

Hier irrt er sehr gründlich, denn in der Hölle gibt es keine Freunde mehr. Freunde sind etwas Gutes. In der Hölle gibt es aber überhaupt nichts Gutes mehr, weil Gott, die Quelle und Ursache alles Guten, nicht mehr da ist. Darum gibt die Bibel auch nirgends den leisesten Hinweis darauf, dass es am Ort der Qual und der Finsternis noch irgendeine Form von Gemeinschaft gibt.

Die Hölle ist der einsamste Ort, den man sich überhaupt nur vorstellen kann.

Auch der französische Dramatiker und Philosoph *Jean-Paul Sartre* (1905-1980) hat die Hölle noch viel zu gut beschrieben, wenn er meint, das wäre so, als wenn Menschen, die sich überhaupt nicht verstehen, ständig und untrennbar in einem Raum eingesperrt sind.

Die Frau, die zur Hölle wollte

In einem Vortrag – es war in Mannheim – hatte ich über Himmel und Hölle gesprochen. Danach kam eine junge Frau und erklärte, dass sie sich auf keinen Fall zu Jesus bekehren wolle. Ihre Begründung hat mich erstaunt: „Ich habe eine enge Bindung an meine Mutter gehabt; sie ist gestorben, als ich 20 war. Sie hat nicht geglaubt, darum ist sie nach alledem, was Sie gesagt haben, in der Hölle. Ich möchte auch dorthin, wo sie ist." Ich erklärte ihr, dabei doch Folgendes zu bedenken:

Erstens: Niemand kann von einem anderen mit Gewissheit sagen, dass dieser in der Hölle sei. Die Mutter des einen Schächers hatte erlebt, wie ihr Sohn auf die schiefe Bahn kam. Er wurde zum Mörder und Verbrecher; nun hatten ihn die Römer gefasst und ihn zur Strafe ans Kreuz geschlagen. Hätten wir die Mutter gefragt, wo ihr Sohn jetzt ist, wäre ihre Antwort sehr klar: „Er hat nicht geglaubt, und er wurde darüber hinaus noch zum Verbrecher – der ist in der Hölle! Sie beurteilte ihn nach der ihr bekannten Lebensführung; außerdem endete sein Leben am Kreuz, nachdem man ihn als Verbrecher gestellt hatte. Er aber rief Jesus an und wurde durch ihn mit der Zusage gerettet: *„Heute wirst du mit mir im Paradiese sein"* (Lukas 23,43).

Diesen Schächer werden wir im Himmel antreffen. Die Mutter aber wusste nichts davon.

Zweitens: Ich erinnere mich noch an die Zeit nach dem Zweiten Weltkrieg. Durch Flucht, Vertreibung und Kriegsgefangenschaft waren viele Familien auseinander gerissen. Da gab es noch etliche Jahre nach dem Krieg im Radio regelmäßig Suchmeldungen des Roten Kreuzes, um die getrennten Familienangehörigen wieder zusammen zu bringen. In der Hölle aber gibt es kein Rotes Kreuz und keine Organisation, die Freunde und Familienangehörige zusammen bringen möchte.

Die Hölle ist kein Ort der Familienzusammenführung! Auch wenn ich Ihrem Gedanken einmal folge und annehme, Sie und Ihre Mutter wären einmal beide am Ort der Verlorenheit. Sie würden sich dort niemals finden.

Drittens: Die Bibel sagt uns *„Gott ist die Liebe"* (1. Johannes 4,16). In russischen Gemeinden habe ich oft an der Wand in großen Buchstaben gelesen „Бог есть любовь" (Bog jest ljubow – Gott ist die Liebe). Wenn junge Menschen sich finden und sich verlieben und heiraten, dann ist diese Liebe ein Geschenk Gottes. Die Hölle kann definiert werden als die absolute Abwesenheit Gottes. Nun, wenn Gott dort nicht mehr ist, dann bedeutet das auch, dass es dort nicht mehr den geringsten Funken von Liebe gibt.

Menschen, die sich auf der Erde geliebt haben, werden sich in der Hölle hassen. Alle hier auf der Erde bestehenden Zuneigungen werden durch die dort herrschende Lieblosigkeit und Gleichgültigkeit für immer aufgehoben sein. Damit wird die Hölle zum einsamsten Ort überhaupt.

Viertens: Auch noch aus einem anderen Grund würden Sie ihre Mutter nie finden. Die Hölle ist nämlich *ein Ort der Finsternis* (Matthäus 8,12 & 22,13).

Aus all den Gründen kann ich Ihnen nur den einen Rat geben: Treffen Sie eine Entscheidung für Jesus und durchbrechen Sie die grausige Kette der Verlorenheit. Damit tun Sie sich selbst etwas Gutes; auch Ihre Kinder werden Ihnen einmal dankbar sein, wenn Sie von früh an im Glauben erzogen wurden.

9. Menschen, die in den Himmel wollen und es auch richtig tun

Ich hielt einen Vortrag in Mannheim, da kam eine Frau und sagte mir aufgeregt und doch voller Freude: „Wissen Sie, mein Kind ist im Himmel; es ist in den Händen Jesu."

Da ich den Hintergrund nicht wusste, fragte ich nach. Dann erklärte sie mir ihre Geschichte: „Ja", sagte sie, „es liegt erst einige Wochen zurück, da habe ich meine erst drei Monate alte Tochter zu Grabe tragen müssen. Sie können sich nicht vorstellen, wie traurig ich nun war, denn mein Herz hing ganz und gar an diesem Kind. Dann schenkte mir meine gläubige Mutter

Ihr Buch 'Und die anderen Religionen'[18]. Darin haben Sie geschrieben, was mit jenen Kindern ist, die zu früh gestorben sind. Sie haben das erklärt mit dem Wort Jesu: *'Den Kindern gehört das Himmelreich'* (Matthäus 19,14). Das ging mir durchs Herz. Nun wusste ich, wo mein Kind ist. Wo mein Kind ist, da will ich auch einmal sein. Da habe ich mich sogleich zu Jesus bekehrt. Nun bin ich ganz gewiss: Mein Kind ist im Himmel, und ich werde auch einmal dort sein."

10. Wie werde ich des Himmels gewiss?

Es wurde schon mehrfach betont, Jesus ist uns von Gott als Retter verordnet, um das ewige Ziel zu erreichen. Jesus selbst sagt es uns in sehr eindeutiger Weise, dass er der einzigmögliche Weg ins Vaterhaus, dem Himmel, ist. Viele stoßen sich daran, dass damit alle sonstigen von Menschen erdachten Wege nicht zielführend sind:

> *„Ich bin der Weg und die Wahrheit und das Leben; niemand kommt zum Vater denn durch mich"* (Johannes 14,6).

Auch weitere Belegstellen sprechen eine so klare und unmissverständliche Sprache:

> *„Wer den Namen des Herrn anrufen wird, soll gerettet werden"* (Römer 10,13).

---

[18] *Werner Gitt*: Und die anderen Religionen?, CLV-Verlag Bielefeld, 13. Auflage 2020, S. 135-136.

*„Ich bin die Tür; wenn jemand durch mich hinein-
geht, der wird selig werden"* (Johannes 10,9).

Wer den von Jesus geebneten Weg beschreiten will,
ist nur ein Gebet weit von seiner festen Zusage, die
Ewigkeit im Himmel zu verbringen, entfernt (was nun
folgt, ist der Vorschlag für ein frei formuliertes Gebet):

*Herr Jesus Christus, ich habe jetzt erkannt, dass Du
der einzige Weg zum Himmel bist. Ich weiß jetzt,
dass es einen Himmel gibt, aber genauso auch eine
Hölle. Bitte rette mich vor der Hölle, vor diesem
Ort, an den zu kommen ich verdient habe als Folge
aller meiner Sünden, vor allem wegen meines Un-
glaubens. Du siehst alle meine Übertretungen, sogar von Jugend an. Du weißt alles über mich. Jede
Regung meines Herzens ist Dir bekannt, sei es Freude, Traurigkeit, Glück oder Verzweiflung. Ich bin
vor Dir wie ein aufgeschlagenes Buch. Weil ich mit
meiner schuldhaften Vergangenheit vor Dir und
vor Gott, dem Vater, nicht bestehen kann, bitte ich
Dich, mir alle meine Sünden zu vergeben, die mir
von Herzen leidtun. Ich möchte Dich darum bitten,
für alle Ewigkeit bei Dir im Himmel sein zu dürfen.
Ich begreife, dass ich nicht durch eigene Verdienste
in den Himmel kommen kann, sondern allein durch
die von Dir gewährte Vergebung und durch den
Glauben an Dich. Weil Du mich liebst, bist Du für
mich am Kreuz gestorben. Ich danke Dir dafür von
ganzem Herzen. Amen.*

Du hast dem Herrn alles gesagt, was jetzt nötig ist
(1. Johannes 1,8-9), um alle Schuld loszuwerden. Was

meinst Du wohl, wie viel Schuld ist jetzt vergeben? 20 Prozent? 70 Prozent? Oder gar 90 Prozent? Es steht geschrieben: „[Er] *reinigt uns von **aller** Ungerechtigkeit"* (1. Johannes 1,9). Ja, dir ist **vollständig** vergeben worden! Wirklich alles, und das sind volle 100 Prozent! Das ist biblisch bezeugte Tatsache. Die Bibel legt Wert darauf, dass wir die Vergebung nicht als vage Hoffnung, sondern als feste Zusage verstehen, darum heißt es:

> „... *denn **ihr wisst**, dass ihr nicht mit vergänglichem Silber oder Gold erlöst seid ..., sondern mit dem teuren Blut Christi als eines unschuldigen und unbefleckten Lammes"* (1. Petrus 1,18-19).

Und in 1. Johannes 5,13 finden wir die nochmalige Bestätigung:

> *„Das habe ich euch geschrieben, damit **ihr wisst**, dass ihr das ewige Leben habt, die ihr glaubt an den Namen des Sohnes Gottes."*

Nun kommen wir noch zu einem **zweiten Schritt**: Der Herr Jesus hat dir soeben alle Sünden vergeben. Nun kannst du ihm dein ganzes Leben anvertrauen. In Johannes 1,12 lesen wir:

> *„Wie viele ihn* [= Jesus] *aber aufnahmen, denen gab er Macht, Gottes Kinder zu werden, denen, die an seinen Namen glauben."*

Alle, die den Herrn Jesus einladen, in ihr Leben einzutreten, bekommen das Geschenk der Gotteskindschaft.

Kinder Gottes werden wir also nicht als Belohnung für irgendwelche guten Taten oder weil wir zu einer bestimmten Kirche gehören. So vertraue dem Herrn Jesus jetzt dein Leben mit dem folgenden (oder auch anders formulierten) Gebet an:

Herr Jesus Christus, mit fröhlichem Herzen nehme ich Dich nun als meinen Herrn und Retter an. Führe und leite Du mich nun durch mein weiteres Leben. Schenke es mir bitte, dass ich all das aufgeben kann, was in Deinen Augen nicht richtig ist, und segne mich mit neuen Verhaltensweisen. Hilf mir, Dein Wort, die Bibel, in rechter Weise zu verstehen. Gib mir ein gehorsames Herz, um Dir zu folgen. Ich danke Dir, dass Du mich erhörst. Ich glaube Deiner Verheißung, dass ich nun durch meine Umkehr zu Dir ein Kind Gottes bin, das eines Tages und dann für alle Ewigkeit in den Himmel kommen wird. Ich erkenne in dieser unverdienten Gnade den größten Gewinn meines Lebens. Ich freue mich darüber, Dich in jeder Situation des Lebens an meiner Seite zu haben. Bitte hilf mir, Menschen zu finden, die auch an Dich glauben, und hilf mir, eine Gemeinde zu finden, in der Deinem Wort vertraut wird und Du der Mittelpunkt aller Verkündigung bist. Amen.

Angenommen: Der Herr hat dich aufgrund deiner Hinwendung zu Ihm hin angenommen! An seinem Kreuz hat er einen hohen Preis für Dich gezahlt: *„Denn ihr seid teuer erkauft ..."* (1. Korinther 6,20). Du bist wirklich errettet! Du bist nun ein Kind Gottes geworden.

Wer Kind ist, ist auch Erbe: ein Erbe Gottes, ein Erbe der himmlischen Welt. Kannst Du Dir vorstellen, was im Himmel jetzt vor sich geht? In Lukas 15,10 lesen wir:

> *„So, sage ich euch, wird Freude sein vor den Engeln Gottes über **einen** Sünder, der Buße tut."*

Der ganze Himmel gerät in Bewegung, wenn ein Mensch die Botschaft des Evangeliums ernst nimmt und Jesus im Glauben annimmt. Diese bewusste Hinwendung zu Jesus nennt die Bibel *Bekehrung*. Dabei übergeben wir ihm unsere Schuld, und er vergibt sie restlos. Gleichzeitig geschieht von Gott aus die ***Wiedergeburt*** an uns: Er gibt uns das neue Leben der Kindschaft – wir sind von Neuem geboren! Nun ist uns neues Leben geschenkt. Wir sind zu Kindern Gottes geworden. *Bekehrung* und *Wiedergeburt* gehören somit zusammen – sie sind die beiden Seiten derselben Münze.

Wie geht nun unser Leben mit dem Herrn Jesus weiter? Mit fünf Punkten ist das Wesentliche gesagt. Alle beginnen mit einem G:

P1: Gottes Wort
Du hast deine Entscheidung auf Gottes Wort hin gegründet. Die Bibel ist das einzige Buch der Welt, dessen Autor der lebendige Gott ist und das von ihm autorisiert ist. Alle Bücher der Welt zusammen können der Bibel nicht das Wasser reichen in Bezug auf Wahr-

heit und Menge lebenswichtiger Information. Das Wort Gottes regelmäßig zu lesen, ist eine gute Empfehlung. In 1. Petrus 2,2 wird auf diesen Aspekt Wert gelegt: *„... seid begierig nach der vernünftigen lauteren Milch wie die neugeborenen Kindlein ..."* Es ist ratsam, mit dem Lesen der Evangelien zu beginnen (z. B. mit dem Evangelium nach Johannes).

P2: Gebet

Sprich von nun an täglich mit deinem Herrn. Durch sein Wort, die Bibel, redet Gott zu uns. Er möchte, dass wir auch mit **ihm** reden. Es ist ein großes Vorrecht, ihm alles sagen zu dürfen. Der Bibel zufolge dürfen die Gebete nur an Gott gerichtet werden, der nun Dein Vater ist, und an Jesus, deinem Retter, deinem guten Hirten, deinem Freund. Alle von Menschen erfundenen Gebetsadressen sind Götzendienst und dem Herrn ein Gräuel. Alles in deinem täglichen Leben kann zum Gebet werden: Sorgen, Freuden und Pläne. Danken ist ein wichtiges Anliegen: *„.... sagt Dank Gott, dem Vater, allezeit für alles"* (Epheser 5,20).

P3: Gehorsam

Wenn du die Bibel liest, wirst du viele hilfreiche Anweisungen für alle Bereiche deines Lebens finden, einschließlich deines Verhaltens zu Gott. Setze all das, was du verstanden hast, in die Tat um, und du wirst einen großen Segen erleben. Gott hat Wohlgefallen an gehorsamen Kindern, die nach seinem Wort leben und seine Gebote halten. Die beste Weise, Gott unsere Liebe zu zeigen, ist, ihm zu gehorchen: *„Denn das ist die Liebe zu Gott, dass wir seine Gebote halten; und seine Gebote sind nicht schwer"* (1. Johannes 5,3).

P4: Gemeinschaft

Gott hat die Menschen so geschaffen, dass sie Gemeinschaft mit ihm haben sollen und auch Gemeinschaft untereinander. Darum halte Ausschau nach anderen Christen, die auch ihr Leben auf Gott ausgerichtet haben. Das sind Leute, mit denen du beten und über Deinen Glauben reden kannst. Halte Verbindung zu solchen, denn Jesus hat verheißen: *„Denn wo zwei oder drei versammelt sind in meinem Namen, da bin ich mitten unter ihnen"* (Matthäus 18,20). Nimmt man eine glühende Kohle aus dem Feuer, so wird sie bald erkalten. Ebenso wird auch unsere Liebe zu Jesus erkalten, wenn sie nicht in der Gemeinschaft mit anderen Gläubigen am „Glühen" gehalten wird. Tritt einer bibelgläubigen Gemeinde bei, in der Jesus im Zentrum der Verkündigung steht und wo gelehrt wird, wie Menschen in den Himmel kommen.

P5: Glauben bewahren

Unser geistliches Leben begann mit dem Glauben an Jesu Sieg auf Golgatha. Für Neugeborene ist Wachstum lebenswichtig; so ist es auch nach unserer Bekehrung und Wiedergeburt lebenswichtig, dass unser geistliches Wachstum anhält. Paulus zeigt uns den Weg in seinem Brief an Timotheus: *„Du aber bleibe bei dem, was du gelernt hast ..."* (2. Timotheus 3,14). Am Ende seines Lebens konnte Paulus sagen: *„Ich habe den guten Kampf gekämpft, ich habe den Lauf vollendet, ich habe den Glauben gehalten"* (2. Timotheus 4,7). Diesem Beispiel folge ebenfalls!

Die Bekehrung ist nicht der Endpunkt, sondern vielmehr der Anfang eines neuen Lebens. Du bist nun auch dazu berufen, Gottes Mitarbeiter zu sein (1. Korinther 3,9). Hilf mit durch Gebet und Zeugnis, dass auch andere von der Errettung durch Jesus erfahren. Die Bekehrung hat zwei erstaunliche Folgen:

1. Unser irdisches Leben wird sinnvoll und erhält eine völlig neue Bedeutung;
2. und wir werden als Gottes Kinder Erben des ewigen Lebens.

Der Autor

Dir. u. Prof. a. D. Dr.-Ing. *Werner Gitt*
wurde am 22. 02. 1937 in Raineck/Ostpreußen geboren. Von 1963 bis 1968 absolvierte er ein Ingenieurstudium an der Technischen Hochschule Hannover, das er als Dipl.-Ing. abschloss. Von 1968 bis 1971 war er Assistent am Institut für Regelungstechnik an der Technischen Hochschule Aachen und wurde nach zweijähriger Forschungsarbeit zum Dr.-Ing. promoviert. Von 1971 bis 2002 leitete er den Fachbereich Informationstechnologie bei der Physikalisch-Technischen Bundesanstalt (PTB) in Braunschweig. 1978 wurde er zum Direktor und Professor bei der PTB ernannt. Er hat sich mit wissenschaftlichen Fragestellungen aus den Bereichen Informatik, numerischer Mathematik und Regelungstechnik beschäftigt und die Ergebnisse in zahlreichen wissenschaftlichen Originalarbeiten publiziert.

1990 gründete *W. Gitt* die „Fachtagung Informatik", zu der jährlich etwa 120 bis 150 Teilnehmer deutschlandweit anreisen. 2022 übergab er die Leitung an Prof. Dr. *Eduard Siemens*. Ziel ist es, biblische Leitlinien mit wissenschaftlichen Fragestellungen (besonders im Bereich der Informationswissenschaften) zu verbinden. Von 1984 bis 2016 vertrat er das Gebiet „Bibel und Naturwissenschaft" als Gastdozent an der „Staatsunabhängigen Theologischen Hochschule Basel (STH Basel)". Seit 1966 ist er mit seiner lieben Frau *Marion* verheiratet. Sie sind dankbar für ihre Kinder *Carsten* und *Rona* mit ihren Ehepartnern und die drei Enkel *Silas*, *Lina* und *Samuel*.

Werner Gitt

Der Himmel
Ein Platz auch für Dich?

92 Seiten,
Paperback
je € 2,90

Artikelnummer: 548370

In 29 Sprachen erhältlich

Uns allen hat der Schöpfer die Ahnung der Ewigkeit ins Herz gelegt. Wir wissen darum, dass der Tod nicht den Schlussstrich unter unser Leben setzt. Darum gibt es auch kein Volk auf dieser Erde, das nicht irgendwelche Jenseitsvorstellungen entwickelt hat. Wir wollen aber nicht irgendwelchen Ideen, sondern der Wahrheit folgen. Kein Religionsgründer konnte von sich sagen: „Ich bin die Wahrheit!", weil keiner von ihnen aus der jenseitigen Welt kam. Jesus ist der einzige, der aus dem Himmel kam, Mensch wurde, für unsere Verfehlungen den bitteren Tod am Kreuz starb, am dritten Tag von den Toten auferstand und in den Himmel zurückkehrte. Nur er konnte dieses außergewöhnliche Wort an uns richten: „Ich bin der Weg, die Wahrheit und das (ewige) Leben, niemand kommt zum Vater denn durch mich" (Johannes 14,6). Damit sagt er uns:

– Er ist die Wahrheit in Person.
– Er selbst ist die Quelle des Lebens.
– Er allein ist der Weg in das Vaterhaus Gottes.

Dieses Buch möchte Sie, liebe Leserin und lieber Leser, ermutigen, diesem Jesus zu folgen. Dann haben Sie den gefunden, der Sie grenzenlos liebt und Ihnen das Himmelreich schenken will.

Weitere Titel finden Sie in unserem Shop unter: www.lichtzeichen-shop.com